Microsoft® Frontpage 2002
Einführung

Stefan D'Amore

redmond's

Diese Trainingsunterlage ist keine Original-Dokumentation zur Software der Firma Microsoft.

Sollte Ihnen dieses Buch dennoch anstelle der Original-Dokumentation in Verbindung mit Disketten verkauft worden sein, die die entsprechende Software der Firma Microsoft enthalten, so handelt es sich wahrscheinlich um eine Raubkopie der Software. Benachrichtigen Sie in diesem Fall umgehend die Firma Microsoft GmbH, D-85713 Unterschleißheim. Auch die Benutzung einer Raubkopie kann strafbar sein!

Die in dieser Trainingsunterlage enthaltenen Informationen können ohne gesonderte Mitteilung geändert werden. Die Microsoft GmbH geht mit diesem Dokument keine Verpflichtung ein. Die in diesem Dokument beschriebene Software wird unter einem Lizenz- bzw. Nichtweitergabevertrag geliefert.
Das Werk einschließlich aller Teile ist urheberrechtlich geschützt. Alle Rechte, auch die der Übersetzung, des Nachdrucks und der Vervielfältigung dieser Unterlage oder von Teilen daraus, sind vorbehalten.
Ohne die schriftliche Genehmigung der ikon VerlagsGesmbH darf kein Teil dieses Dokuments in irgendeiner Form oder auf irgendeine elektronische oder mechanische Weise einschließlich Fotokopieren und Aufzeichnen für irgendeinen Zweck, auch nicht zur Unterrichtsgestaltung, vervielfältigt oder übertragen werden.

© ikon VerlagsGesmbH 2001
Vertrieb: ikon VerlagsGesmbH
             Industriesstrasse B16
             A-2345 Brunn am Gebirge
             Telefon: +43(0)2236/35600
             Telefax: +43(0)2236/36262
             E-mail: office@ikon.co.at oder info@verlagsbuero-nussberger.de
             Internet: www.redmonds.cc

Microsoft® ist ein eingetragenes Warenzeichen der Microsoft Corporation.
Windows™ ist ein Warenzeichen der Microsoft Corporation.

Auch wenn hier kein ausdrücklicher Hinweis erfolgt, können in der Trainingsunterlage aufgeführte Bezeichnungen geschützt sein.
Autor dieser Trainingsunterlage: Stefan D'Amore
Druck: Börsedruck GmbH, Wien
ISBN: 3-902062-35-5
Mat.Nr.: 32022

Inhaltsverzeichnis

1 Vorwort — 7

2 FrontPage 2002 - Der Allrounder — 9
2.1 Entwicklung von FrontPage 10
2.2 Funktion von FrontPage 10

3 Installation von FrontPage 2002 — 11
3.1 Systemvoraussetzungen 12
    3.1.1 Hardwarevoraussetzungen 12
    3.1.2 Softwarevoraussetzungen 12
    3.1.3 Voraussetzungen für diese Unterlage 13
3.2 Konfiguration des Browsers prüfen 13
3.3 Webserver installieren 14
3.4 Installation der FrontPage-Servererweiterungen 17
3.5 Einsatz von FrontPage 20

4 Das FrontPage-Web — 23
4.1 Das erste Web 24
4.2 Das Web im Detail 27
4.3 Das Root-Web 29
4.4 Das Unterweb 30
4.5 Verschachtelte Webs 32
4.6 Web konvertieren 33

5 Unterschiedliche Ansichten — 37
5.1 Seite 38
5.2 Ordner 40
5.3 Berichte 41
5.4 Navigation 43
    5.4.1 Dokument hinzufügen 43
    5.4.2 Eine Unterseite erstellen 45
    5.4.3 Navigationsstruktur verändern 46
    5.4.4 Neue Seite mit Navigationsstruktur versehen 47
    5.4.5 Zuordnen von Designs 50
5.5 Ansicht Hyperlink 51
5.6 Aufgaben 52

6 Web als Projekt — 57
6.1 Die Frametechnik 58
    6.1.1 Frameset erstellen 58
    6.1.2 Frameset verändern 61
    6.1.3 Seiteneigenschaften 62
6.2 Objekte einfügen 64
    6.2.1 Text 65
    6.2.2 Textmodifikation über WordArt 66
    6.2.3 Tabellen 67

	6.2.4	Grafik	71
	6.2.5	Autominiaturansicht	74
	6.2.6	Formulare	76
6.3	Hyperlinks		78
	6.3.1	Hyperlink einfügen	79
	6.3.2	Hyperlinkaktualisierung	81
6.4	Aktive Inhalte		82
	6.4.1	Zugriffszähler	82
	6.4.2	Suchformular	84
	6.4.3	Hoverschaltfläche	85
	6.4.4	Dynamic HTML-Effekte	88
6.5	Datenbank		90
	6.5.1	Daten auslesen	90
	6.5.2	Suchformular verwenden	94

7 Der Skript-Editor 103

- 7.1 Objekt Identifier zuweisen 104
  - 7.1.1 HTML-Ansicht 104
- 7.2 Skript-Editor starten 108
  - 7.2.1 Objektereignisse 109
  - 7.2.2 Skriptgliederung 110
  - 7.2.3 Skript einem Ereignis zuordnen 110
  - 7.2.4 Das Skript im Detail 113

8 Tipps & Tricks 117

- 8.1 Berechtigungen und Profile 118
- 8.2 Ein- und Auschecken von Dateien 118
- 8.3 Kompatibilität 120
- 8.4 Quelltext-Formatierung 122

Anhang A: Was ist neu? 125

Anhang B: Glossar 129

Anhang C: Tastenkombinationen 135

Anhang D: Lösungen 137

Anhang E: Basiswissen Windows 139

- Menü Datei 140
- Menü Bearbeiten 141
- Menü Fenster 142
- Menü ? (Hilfe) 142
- Weitere Icons der Symbolleiste 143
- Windows-Optionen im Fenster-Bereich 143

Anhang F: Index 144

Zu dieser Trainingsunterlage

Das Anwender Training beinhaltet, anders als die Handbücher zur Software, keine vollständige Auflistung aller Leistungsmerkmale. Durch die gezielte Auswahl der vorgestellten Themen lernen Sie das, was Sie auch im Arbeitsalltag einsetzen können.

Diese Trainingsunterlage kann auf vielfältige Weise genutzt werden:

- Als Teilnehmer an einem Training können Sie die Übungen in Ihrem persönlichen Lernrhythmus "vom Blatt" nachvollziehen.

- Nach dem Training läßt sich in aller Ruhe nachbereiten, was Sie gelernt haben.

- Für Autodidakten bietet der strukturierte Aufbau eine gute Möglichkeit, die Software eigenständig zu entdecken.

Die Lernbeispiele sind als leicht verständliche, gut überschaubare Übungsaufgaben formuliert. Der Aufbau der Aufgaben gliedert sich in:

- **Ziel** erläutert die Problemstellung und formuliert die konkrete Aufgabe; die Kurzform am Rand gibt Ihnen einen schnellen Überblick

- **Lösungsweg** führt Sie schrittweise zum gewünschten Ergebnis; das entsprechende Piktogramm weist Ihnen den Weg.

- **Anmerkungen** erscheinen in kleinerer Schrift und weisen auf ergänzende Details und wissenswerte Zusatzinformationen hin.

- **Übungsaufgaben** wiederholen den zuvor behandelten Lernstoff und helfen, diesen zu vertiefen.

- **Testaufgaben** dienen der Lernzielkontrolle. Die Lösungen finden Sie im Anhang.

Alle Menüpunkte, Befehle etc. werden in einer besonderen Schrift dargestellt:

- Menübefehle Wählen Sie aus dem Menü Datei den Befehl Speichern unter... Möglich ist auch die Darstellung Datei → Speichern unter...

- Schaltflächen + Registerkarten mit Befehlen und Optionen

- *Anwendertext* Text wird vom Anwender eingegeben

- DATEINAMEN Dateinamen und Pfadangaben

- [Strg] Tastensymbol

1 Vorwort

Diese Unterlage vermittelt Ihnen einen ersten Eindruck von Microsoft FrontPage 2002. FrontPage ist ein sehr benutzerfreundliches Programm, das komplizierte Funktionen und Abläufe oder das Erstellen von Programmen in den momentan verfügbaren Skript-Sprachen weitestgehend von Ihnen fern hält. Allerdings geht es nicht ganz ohne Internetkenntnisse – Sie sollten auf jeden Fall schon mit dem Internet vertraut sein, bevor Sie Ihre eigene Webseite mit FrontPage in Angriff nehmen. Begriffe wie WWW, HTTP oder Homepage sollten Sie nicht zum ersten Mal hören. Es würde bei weitem den Rahmen dieser Unterlage sprengen, wenn wir noch detailliert auf die gängigsten Begriffe oder Abläufe eingehen müssten. Wir bitten Sie um Verständnis.

Allerdings werden wir Sie nicht im Stich lassen. Sollte Ihnen wirklich etwas unverständlich sein, schauen Sie doch einfach mal im Anhang nach. Dort befindet sich eine umfassende Ansammlung von Begriffen, die immer wieder im Zusammenhang mit dem Internet auftauchen.

In dieser Unterlage verwenden Sie im Rahmen eines Projekts einzelne Funktionen und Techniken von FrontPage. Sie beginnen mit der Einrichtung des Webservers und der Installation der Share Point Team Services. Nachdem wir Ihnen die Grundprinzipien und Strukturen eines Webs erläutert haben, bauen Sie ein eigenes Web auf. Sie verknüpfen dabei einzelne Dokumente untereinander über Hyperlinks und erzeugen so ein komplexes Netz an Dateien. Sie strukturieren Ihre Website unter Verwendung von Frames, so dass Sie überall den Überblick behalten. Aktive Inhalte wie Formulare, Java Applets oder Skripts werden am Ende des Projekts ebenfalls zum Einsatz kommen.

FrontPage 2002 zeigt sich in der neuen Version äußerst umfangreich – zahlreiche Features und Funktionen ermöglichen Ihnen den Aufbau sehr komplexer Websites. Insbesondere über die Webkomponenten lassen sich interessante Ergebnisse erzielen. Probieren Sie ruhig mit ihnen herum.

Sollten Sie jetzt festgestellt haben, dass Ihnen die eine oder andere Technologie noch nicht so bekannt ist, sollten Sie diese Unterlage Seite für Seite aufmerksam durchzuarbeiten. Am Ende kennen Sie diese grundlegenden Techniken nicht nur: Sie werden sie auch mit FrontPage 2002 einsetzen können.

2 FrontPage 2002 - Der Allrounder

Ziele dieses Kapitels

- Sie bekommen einen kurzen Einblick in die Entstehungsgeschichte von FrontPage.

- Sie verstehen die Funktion von FrontPage.

2.1 Entwicklung von FrontPage

Als die Version 1.0 von FrontPage vor nunmehr sieben Jahren (1995) von Microsoft auf den Markt gebracht wurde, sollte es das Erstellen von HTML-Dokumenten vereinfachen. Bei der Urversion konnte man allerdings sehr schnell den Überblick verlieren, da der administrative Aufwand mit der Anzahl der Dokumente extrem schnell anstieg.

FrontPage sollte vor allem Anwendung in Unternehmen finden, die im Internet präsent sein wollten, jedoch nicht über entsprechende Programmier-Kenntnisse verfügten. Sehr schnell erkannte Microsoft allerdings, dass FrontPage auch im privaten Bereich für das Gestalten von Webseiten herhalten konnte. In relativ kurzen Abständen folgten die Versionen 1.1, 97 und 98 von FrontPage, die immer bessere Funktionen und Oberflächen für eine einfache Handhabung besaßen.

In FrontPage 2002 bot Microsoft gerade bei der Integration und der Installation leistungsfähige Erweiterungen wie die Windows-Installer Technologie. Erstmals kam die selbsttätige Reparatur zum Zuge, mit der FrontPage 2002 eigene und wichtige Systemdateien reparierte.

Mit der aktuellsten Version FrontPage 2002 bietet Microsoft Ihnen im Rahmen des Office XP-Pakets eine umfangreiche Option für die Zusammenarbeit im Team dank der Share Point Team Services. Zudem wurden die Funktionalitäten rund um die Webkomponenten nochmals stark überarbeitet.

2.2 Funktion von FrontPage

Konnte man früher HTML-Dokumente noch problemlos mit einem Texteditor erstellen, lag das wohl daran, dass die entsprechenden Dokumente in der Regel einen schnöden Text mit ein paar verirrten Hyperlinks darstellten.

Heute würde man solch ein HTML-Dokument wohl als langweilig bezeichnen. Allerdings kann man nicht von jedem erwarten, dass er genügend Programmierkenntnisse besitzt, um ein wenig Bewegung oder Dynamik in ein HTML-Dokument zu bringen. Gleichzeitig wünscht man sich diverse Kontrollinstanzen, die schon während der Erstellung eines Webs mögliche Fehler vermeiden helfen.

FrontPage setzt genau an diesen Punkten an und macht das Erstellen von HTML-Dokumenten und deren Zusammenfassen zu einem Web mittlerweile so einfach wie beispielsweise das Erstellen eines normalen Dokuments in Microsoft Word. Sollten Sie schon Erfahrungen mit anderen Produkten aus der Microsoft Office-Familie haben, wird es Ihnen mit Sicherheit nicht schwer fallen, in FrontPage schnell Fuß zu fassen.

3 Installation von FrontPage 2002

Ziele dieses Kapitels

- Sie überprüfen die Systemvoraussetzungen.

- Sie führen die Installation des Internet Information Servers (IIS) durch.

- Sie installieren die Frontpage Servererweiterungen / SharePoint Team Services.

- Sie überprüfen die Installation.

Installation von FrontPage 2002

3.1 Systemvoraussetzungen

Jede Applikation stellt Anforderungen an die vorhandene Hard- und Software. FrontPage bildet hier keine Ausnahme. Folgende Voraussetzungen sollten Sie beachten. Im Folgenden sehen Sie die minimalsten Anforderungen an Ihr System.

3.1.1 Hardwarevoraussetzungen

Komponente	Windows 98	Windows ME/NT	Windows 2002 / XP
Prozessor	mind. Pentium 133 MHz	mind. Pentium 133 MHz	mind. Pentium 133 MHz
Speicher	mind. 24 MB RAM	mind. 32 MB RAM	mind. 64 MB RAM
Festplattenplatz	360 MB	360 MB	360 MB
Internetzugang	Modem, ISDN, DSL, LAN	Modem, ISDN, DSL, LAN	Modem, ISDN, DSL, LAN

Bitte beachten Sie, dass es sich um Mindestanforderungen handelt. Im Betrieb erweisen sich besser ausgerüstete Systeme mit schnelleren Prozessoren und mehr Speicher als sehr viel leistungsfähiger. Eine entsprechende Anschaffung ist daher anzuraten.

3.1.2 Softwarevoraussetzungen

▶ Microsoft Windows 98 / ME

▶ Microsoft Windows NT 4.0 mit ServicePack 3 oder höher

▶ Microsoft Windows 2002

▶ Microsoft Windows XP

FrontPage bringt einige Neuerungen mit sich, die nicht auf allen Systemen funktionieren oder besondere Anpassungen benötigen. Frontpage 2002 benötigt für die funktionierende Simulation einer Internetumgebung auf Ihrem Rechner einen installierten Webserver sowie die Frontpage 2002 Server Erweiterungen.

Installation von FrontPage 2002

Diese Frontpage 2002 Servererweiterungen unterstützen nicht den von Windows 95/98/ME bekannten *Personal Web Server*. Besitzer eines solchen Systems können stattdessen auf einen anderen Webserver zugreifen. Im Internet finden sich einige Freeware-Webserver, unter anderem der Apache-Webserver (http://httpd.apache.org).

Im Weiteren bietet Frontpage 2002 die so genannten SharePoint Team Services. Diese SharePoint Services verfügen einerseits über die volle Funktionalität aller Frontpage 2002 Servererweiterungen, andererseits bieten sie darüber hinaus neue Funktionen für Arbeitsgruppen. Diese SharePoint Services funktionieren jedoch nur unter Windows NT/2002 und Windows XP auf einer Festplatte mit dem NTFS-Dateisystem.

Hinweis für Umsteiger: Das ist neu

Die Servererweiterungen ohne die SharePoint Services finden Sie, falls Sie Windows 95/98 oder Windows ME verwenden, im Internet unter http://www.microsoft.com/frontpage/fpse/.

Als Projektsystem wird im folgenden Windows XP vorausgesetzt.

3.1.3 Voraussetzungen für diese Unterlage

▶ Microsoft Windows XP / Windows 2000

▶ Das Netzwerkprotokoll Microsoft TCP/IP

▶ Der im Lieferumfang von Microsoft Windows XP enthaltene Web Server muss in der Standardkonfiguration installiert sein.

3.2 Konfiguration des Browsers prüfen

FrontPage 2002 stellt viele neue Funktionen zur Verfügung, die zum Teil nur auf bestimmten Versionen von Browsern angezeigt und ausgeführt werden können. In der Regel ist es klug, immer die aktuellste Version eines Browsers zu verwenden, um Inkompatibilitäten zu vermeiden.

Für diese Unterlage haben wir die Version 6.0 des Microsoft Internet Explorers verwendet. Es ist auch möglich, Browser von anderen Herstellern (wie Netscape Navigator oder Opera) in den neuesten Versionen einzusetzen.

Sie überprüfen die Version des Internet Explorers.

Browser prüfen

1. Starten Sie den Internet Explorer durch einen Klick auf das Icon , das sich standardmäßig oben links im Windows XP-Startmenü befindet.

2. Klicken Sie im Menü auf ? → Info. Sie sehen die folgende Dialogbox.

Installation von FrontPage 2002

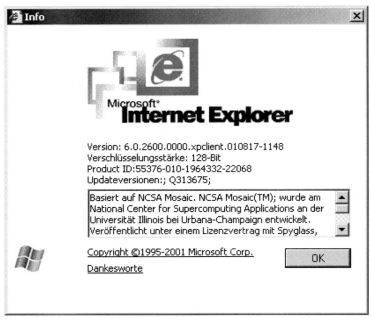

Abb. 3.1: Info Dialogbox des Internet Explorers 6.0

3. Klicken Sie auf OK und beenden Sie den Internet Explorer wieder.

Sollte eine niedrigere Version angezeigt werden, installieren Sie bitte den Internet Explorer 6.0 von der Website von Microsoft (www.microsoft.de)

3.3 Webserver installieren

Webdesigner und –Programmierer erstellten üblicherweise ihre Inhalte auf dem internen Bürocomputer und übertragen die erzeugten Inhalte dann auf den Webserver. Dieser Webserver ist vereinfacht dargestellt ein Rechner, der direkt an das Internet angeschlossen ist und Ihnen normalerweise von einem Provider zur Verfügung gestellt wird. In der Regel bieten solche Webserver besondere Zugriffs- und Einsatzmöglichkeiten, die auf einem lokalen Standardrechner in dieser Form zunächst nicht vorhanden sind. Websitebesucher fragen die vorhandenen Informationen bei dem Provider ab und bekommen die bekannte Browseranzeige.

Eine Möglichkeit, Inhalte zu erstellen und zu testen, wäre die stete Anwahl des Providers und die Übermittlung der lokal erstellten Inhalte auf den anderen Computer. Dieser Weg ist jedoch gerade in der Erstellphase einer Website umständlich und kostet Zeit und Geld. Effektiver ist es, auf dem eigenen Computer eine Internetumgebung mit einem eigens eingerichteten Webservers zu simulieren.

Windows XP und Windows 2000 stellen Ihnen den Internet Information Server (IIS) als lokalen Webserver zur Verfügung. Die Installation nehmen Sie in beiden Fällen über den Eintrag **Software** in der Systemsteuerung vor.

Installation von FrontPage 2002

Wählen Sie unter Windows XP aus dem Startmenü den Eintrag Systemsteuerung. Im erscheinenden Dialog wählen Sie die Kategorie Software.

Abb. 3.2: Windows XP-Systemsteuerung

Im Dialog Software wählen Sie links die Schaltfläche Windowskomponenten hinzufügen / entfernen.

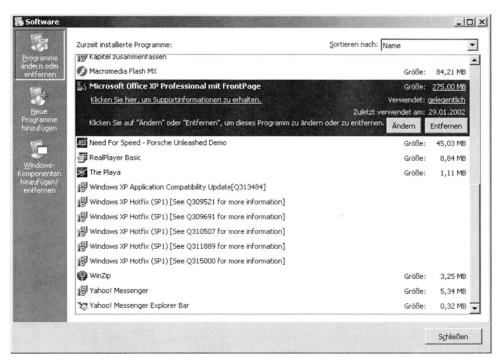

Abb. 3.3: Links befindet sich die Schaltfläche Windowskomponenten hinzufügen

Installation von FrontPage 2002

Wählen Sie im Dialog **Assistent für Windows-Komponenten** den Eintrag Internet-Informationsdienste aus und klicken Sie auf Weiter >.

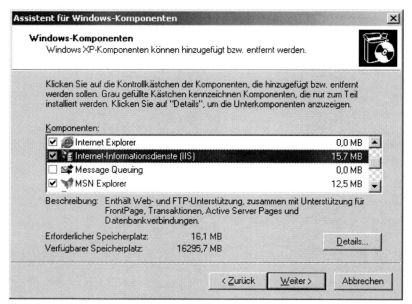

Abb. 3.4: Auswahl des Informationsdienstes

Legen Sie die Windows XP-CD in Ihr Laufwerk ein, falls folgende Meldung erscheint, und klicken Sie auf OK.

Abb. 3.5: Dialog Datenträger

Die Komponenten werden nun konfiguriert. Es erscheint der letzte Bildschirm, klicken Sie dort auf Fertig stellen.

Wenn Sie sich heutzutage im Internet oder im firmeninternen Intranet bewegen, geben Sie meistens eine Adresse in Form einer URL (Uniform Ressource Locator) an. Eine Adresse im Internet könnte zum Beispiel so aussehen:

http://www.microsoft.com/FrontPage

Im Intranet könnte eine Adresse wie folgt aussehen:

http://public/geschaeftsjahr/99

Installation von FrontPage 2002

In beiden Fällen fordert Ihr Browser das so genannte Default-Dokument (also entweder die Datei „index.htm(l)" oder „start.htm(l)") von dem Webserver an. Der Webserver stellt über das Protokoll TCP/IP die entsprechenden Dokumente zur Verfügung, die von einem Browser angefordert werden.

FrontPage 2002 kann mit zahlreichen auf dem Markt verfügbaren Webservern zusammenarbeiten. Weder ein Webserver noch das Protokoll TCP/IP sind aber eine Grundvoraussetzung für den Einsatz von FrontPage 2002 — ein großer Unterschied im Vergleich zu früheren Versionen des Programms.

Sie können nun testen, ob die Einrichtung des Webservers auf Ihrem System funktioniert hat, indem Sie im Webbrowser http://localhost/ eingeben. Windows XP öffnet daraufhin die folgende Seite auf Ihrem Rechner.

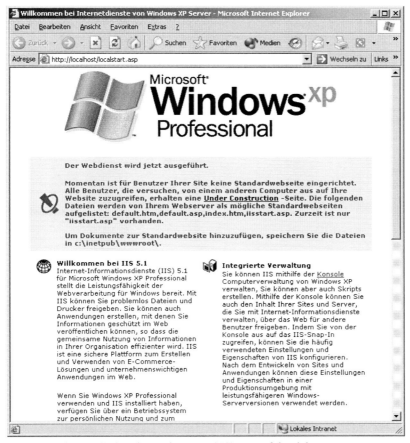

Abb. 3.6: Die Installation des Webservers (IIS) war erfolgreich

3.4 Installation der FrontPage-Servererweiterungen

Die Frontpage 2002-Servererweiterungen erweitern die Funktionalität des Webservers um spezielle Frontpage-Features, die in der bisherigen Installation des IIS-Webservers nicht integriert sind. Beispielsweise können Sie über die Servererweiterungen interaktive Diskussionsgruppen verwenden oder einen Zugriffszähler, der die Anzahl der Besucher anzeigt.

Installation von FrontPage 2002

Frontpage-Erweiterungen installieren

Die Servererweiterungen befinden sich auf der Office XP-CD-ROM, die im Paket zusammen mit den SharePoint Team Services ausgeliefert werden. Die schon erwähnten SharePoint Team Services dienen als nützliches Hilfsmittel für Unternehmen, in denen mehrere Personen im Netzwerk zusammenarbeiten. Administratoren können mit der SharePoint-Technologie eine leistungsfähige Umgebung für das veröffentlichen von Webs und die Kommunikation im Team aufbauen.

Legen Sie die Office XP-CD-ROM in das Laufwerk ein. Wählen Sie im Windows Explorer das Laufwerk und dann den Ordner SHAREPT aus.

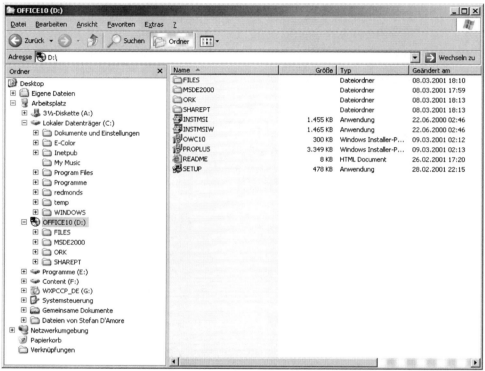

Abb. 3.7: Auswahl des richtigen Ordners auf der Office XP-CD

Wählen Sie im Verzeichnis SHAREPT die Datei SETUPSE.EXE aus und folgenden Sie den Anweisungen im Installationsdialog.

Im ersten Dialog benötigen Sie den Produktschlüssel, den Sie schon für die Installation von Office XP benötigt haben. Klicken Sie im Dialog nach Eingabe des Schlüssels auf Weiter >.

Im zweiten Schritt stimmen Sie den Bestimmungen des Lizenzvertrags zu, indem Sie das Kontrollkästchen aktivieren. Klicken Sie wieder auf Weiter >.

Installation von FrontPage 2002

Abb. 3.8: Sie müssen den Bedingungen des Lizenzvertrages zustimmen

Im folgenden Dialog listet Ihnen Windows XP die zu installierenden Dienste auf. Klicken Sie auf die Schaltfläche Installieren.

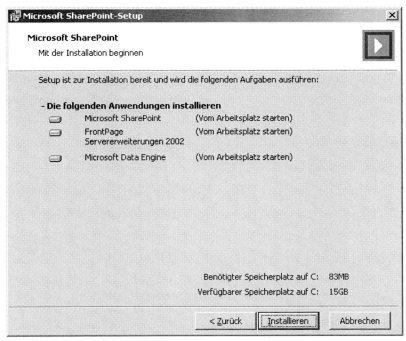

Abb. 3.9: Anwendungen installieren

Windows XP zeigt Ihnen einen abschließenden Dialog an.

Installation von FrontPage 2002

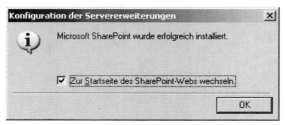

Abb. 3.10: Dialog Konfiguration der Servererweiterungen

Bei aktivierter Option **Zur Startseite des SharePoint-Webs wechseln** ruft Windows XP die entsprechende Startseite im Browser auf. Klicken Sie auf OK.

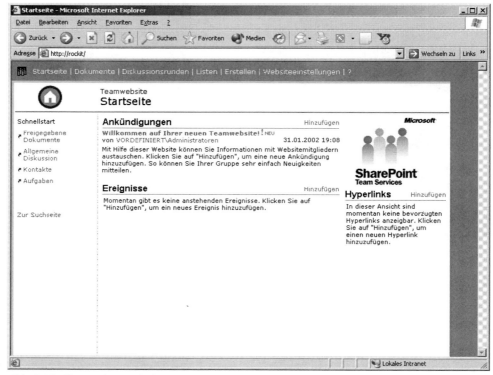

Abb. 3.11: SharePoint wurde korrekt installiert

3.5 Einsatz von FrontPage

FrontPage ist weitaus mehr als nur ein gewöhnlicher HTML-Editor. Musste man früher HTML-Dokumente Zeile für Zeile mit einem Texteditor erstellen, ist dies schon seit längerem bequem ohne Programmierkenntnisse möglich.

Damit andere Benutzer komfortabel auf HTML-Dokumente zugreifen können, legt man diese Dokumente auf dem Webserver ab. Inhaltlich zusammengehörende Dokumente gruppiert man in der Regel zu einem so genannten Web. Dabei kann relativ schnell ein hoher administrativer Aufwand entstehen.

Probleme können beispielsweise entstehen, wenn ein Bezug auf ein nicht mehr vorhandenes Dokument nicht bemerkt wird und der Anwender eine Seite aufrufen möchte, die gar nicht mehr existiert. Weiterhin muss man Rechte innerhalb eines Webs setzen können. Nicht jeder Benutzer soll alles sehen und editieren können.

Zusammenfassung

- Da FrontPage 2002 viele neue Funktionen zur Verfügung stellt, ist es ratsam, den aktuellen Internet Explorer 6.0 zu verwenden. Ältere Browser können so manche neue Funktion nicht darstellen, deshalb sollten Sie generell den aktuellsten Browser installieren.

- Der unter Windows XP oder Windows 2002 mitgelieferte Internet Information Server (IIS) ist wie TCP/IP keine Grundvoraussetzung für die Arbeit mit FrontPage 2002, ermöglicht allerdings den Einsatz weiterführender Funktionalitäten.

- Webserver ermöglichen die Arbeit in Gruppen, wobei Rechte innerhalb des Webs vergeben werden können. Die Gruppierung zusammengehöriger Dokumente verbessert die Übersicht und die Effizienz im Teamwork.

- FrontPage fasst die Funktion eines Webservers mit Hilfe der FrontPage Server Extensions oder aber weiterführend über die SharePoint Team Services zusammen, die als Bindeglied zwischen FrontPage und dem Webserver fungieren.

Installation von FrontPage 2002

Testaufgaben

- Frage 1: FrontPage 2002 ist ab Windows 3.11 installierbar.

    A. Richtig

    B. Falsch

- Frage 2: FrontPage 2002 benötigt TCP/IP.

    A. Stimmt nicht

    B. Stimmt

- Frage 3: Die Server Extensions haben die folgende Aufgabe:

    A. Die Server Extensions sind ein weiterer Netzwerkdienst und werden für die Lauffähigkeit von Windows XP benötigt.

    B. Sie stellen ein Bindeglied zwischen FrontPage und dem Webserver dar.

    C. Sie überwachen die Lauffähigkeit von TCP/IP.

- Frage 4: Sie verändern Dateistrukturen am besten...

    A. ...direkt über FrontPage.

    B. ...im Windows Explorer.

4 Das FrontPage-Web

Ziele dieses Kapitels

▶ Sie lernen die Struktur eines Webs kennen.

▶ Sie können Webs verschachteln.

▶ Sie können Webs konvertieren.

Die Vorgängerversionen von FrontPage bestanden aus mehreren Komponenten. Eine Komponente, der FrontPage Explorer, wurde für die direkte Verwaltung der Webs verwendet. Die zweite Komponente, der FrontPage Editor, wurde für das Editieren von HTML-Dokumenten benutzt.

Seit FrontPage 2002 finden Sie beide Komponenten zu einer Applikation vereint. Die Verwaltung des Webs und der entsprechenden HTML-Dokumente wird dadurch erheblich erleichtert. Im Folgenden lassen Sie ein Web erstellen. Anhand dieses Webs zeigen wir verschiedene Darstellungsmöglichkeiten und Funktionen, die direkt das Web betreffen, auf.

4.1 Das erste Web

Web erstellen Sie erstellen ein Web.

1. Starten Sie FrontPage über **Start → Programme → Microsoft FrontPage**.

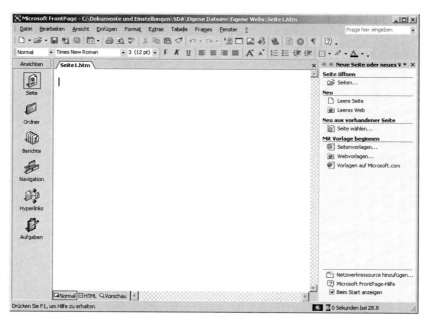

Abb. 4.1: Die Benutzeroberfläche von FrontPage 2002

2. Klicken Sie auf **Datei → Neu → Seite oder Web...**

3. Im rechten Bereich erscheint der Aufgabenbereich, sollte er noch nicht vorhanden gewesen sein. Klicken Sie dort auf **Leeres Web**.

4. Wählen Sie im Dialog **Webvorlagen** die Vorlage **Persönliches Web** aus.

Das FrontPage-Web

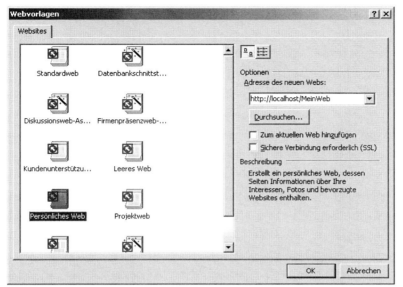

Abb. 4.2: Neues Web erstellen

5. Geben Sie unter **Optionen** als Adresse http://localhost/MeinWeb an. Windows XP speichert daraufhin die Dateien auf dem eingerichteten Webserver. Localhost ist eine weitere Schreibweise für den lokalen Rechner beziehungsweise den lokalen Webserver. Ihre Inhalte speichert Frontpage 2002 automatisch im Webordner MEINWEB, den Sie natürlich auch anders benennen können. Sie sollten diesen URL weiter verwenden, um Probleme mit anderen Rechnern zu vermeiden.

6. Klicken Sie auf OK.

Frontpage 2002 erzeugt automatisch ein komplettes Web, das aus mehreren Seiten besteht und über Hyperlinks miteinander verknüpft ist. Sie finden das Web im Ordner INETPUB/WWROOT, den Windows XP bei der Installation des Webservers eingerichtet hat. Anhand der vorlagenbasierten Website können gerade Anfänger leicht die Inhalte modifizieren und an die eigenen Bedürfnisse anpassen.

Klicken Sie auf der linken Seite auf die Schaltfläche für Ordner. Sie erhalten in der Ordneransicht eine Übersicht der erstellten Dateien.

Das FrontPage-Web

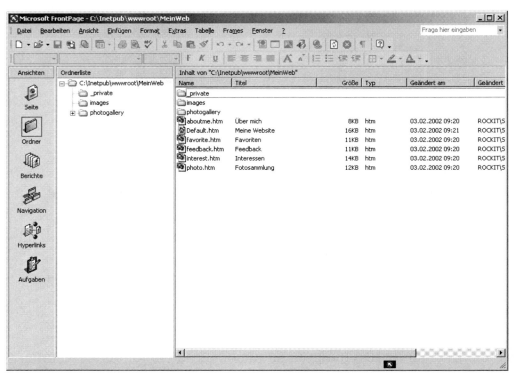

Abb. 4.3: Erzeugtes Web in der Ordneransicht

Doppelklicken Sie die im rechten Bereich unter **Inhalt** die Datei DEFAULT.HTM. FrontPage zeigt Ihnen die Inhalte der Datei im rechten Bereich an.

Abb. 4.4: Die Vorlagen-Datei im Bearbeitungsmodus

Das FrontPage-Web

Sie können sich das Web direkt im Browser anzeigen lassen.

Sie sehen sich das Web mit dem Browser an.

Web anzeigen

1. Wählen Sie den Befehl Datei → Browservorschau...

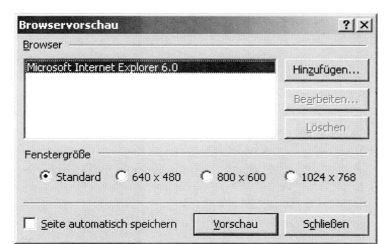

Abb. 4.5: Vorschau in Browser

Die Option **Fenstergröße** ermöglicht es Ihnen, eine bestimmte Bildschirmauflösung zu simulieren. Der Browser startet mit der angegebenen Größe.

Tipp

2. Aktivieren Sie die Option **Seite automatisch speichern**. Damit stellen Sie sicher, dass, bevor Sie sich eine Seite mit dem Browser ansehen, eventuell gemachte Veränderungen gespeichert werden.

3. Klicken Sie auf Vorschau.

Sollten Sie Änderungen vorgenommen haben und die aktuelle Seite noch nicht gespeichert sein, werden Sie jetzt gefragt, ob die Seite gespeichert werden soll.

Ist der Browser bereits gestartet, kann es passieren, dass der entsprechende Task in der Windows-Taskbar blinkt. Klicken Sie einmal auf den Task, um den Browser in den Vordergrund zu holen.

Übungsaufgaben
▶ Probieren Sie in der Vorschau die unterschiedlichen Bildschirmauflösungen aus.

4.2 Das Web im Detail

Neben den eigentlichen HTML-Dokumenten befinden sich noch eine ganze Reihe weiterer Informationen innerhalb eines Webs. Diese Informationen benötigt

FrontPage, um das Web verwalten zu könnedn. Dies ist ein Grund, weshalb man direkte Veränderungen innerhalb eines Webs nur mit FrontPage durchführen sollte.

Web Struktur Sie sehen sich die Struktur des Root-Webs an.

 Wechseln Sie mit dem Windows Explorer in das Verzeichnis C:\INTETPUB\WWWROOT.

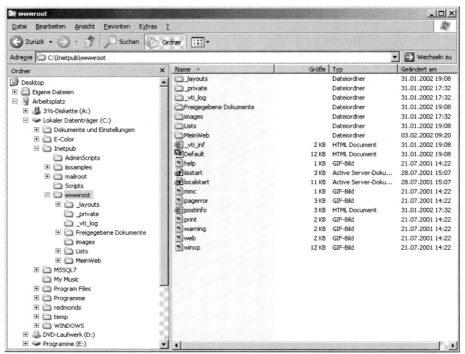

Abb. 4.6: Das Root-Web

Sie sehen einige Ordner, die mit einem Unterstrich beginnen. Diese Ordner verwendet FrontPage für die Verwaltung des Webs. Sie dürfen Sie weder verändern noch löschen. Auch in den anderen Unterordnern befinden sich FrontPage 2002-spezifische Dateien. Nehmen Sie besser auch hier keine Änderungen an diesen Ordnern vor.

In der Regel befindet sich im jedem Web ein Dokument mit dem Namen DEFAULT.HTM oder INDEX.HTM. Diese Seiten werden automatisch vom Browser angezeigt, wenn Sie vorher keine andere Seite angegeben haben. So wäre in diesem Beispiel die URL http://trainer/default.htm identisch mit http://trainer.

Wie das Standarddokument heißen soll, wird in der Regel am Server eingestellt.

4.3 Das Root-Web

Die vorhergehende Abbildung zeigt das Root-Web in seiner Struktur. Das Root-Web beinhaltet alle anderen Webs. Es trägt selbst keinen Namen und wird deshalb über den eigentlichen Webservernamen angesprochen.

Sie öffnen das Root-Web. **Root-Web**

1. Wechseln Sie zu FrontPage und klicken Sie auf **Datei** → **Web öffnen...**

2. Geben Sie als Ordnernamen im Bereich **Dateiname** den Ordner http://localhost an.

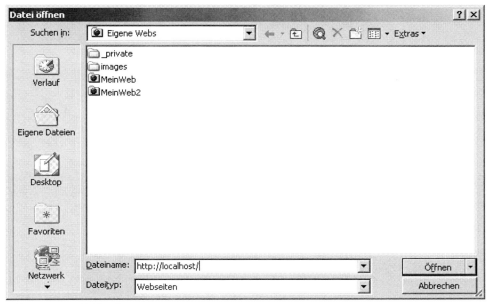

Abb. 4.7: Root-Web öffnen

3. Klicken Sie auf Öffnen. FrontPage lädt das Web, zeigt aber keine Seite an. Wählen Sie aus dem Menü **Ansicht** den Befehl **Ordnerliste**. Es wird eine neue Instanz von FrontPage geöffnet, die Ihnen das Root-Web samt verfügbaren Webs anzeigt.

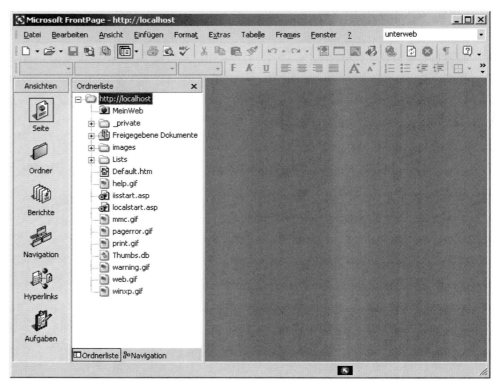

Abb. 4.8: Ordner im Root-Web Localhost; MeinWeb ist momentan das einzig verfügbare Web

FrontPage zeigt nicht alle physikalisch im Web vorhandenen Ordner an, da sie nicht direkt vom Benutzer geändert werden sollen. Ausnahme bildet der _private Ordner, der Anwenderdaten enthalten kann.

4. Schließen Sie die Instanz von FrontPage mit der Titelleiste Microsoft FrontPage – http://localhost/.

4.4 Das Unterweb

Im Root-Web befindet sich der Ordner MeinWeb, den Sie kurz vorher erstellt haben und der ebenfalls ein Web repräsentiert. Im Prinzip ist es ebenfalls nur ein Ordner, der aber von FrontPage speziell behandelt wird und mit dem Icon markiert ist, wodurch Sie Web und Ordner unterscheiden können.

Child-Web Sie legen ein weiteres Unterweb an.

1. Klicken Sie in FrontPage auf Datei → Neu → Seite oder Web... und wählen Sie aus der Aufgabenleiste auf der rechten Seite den Eintrag Leeres Web.

2. Wählen Sie im Dialog Webvorlagen ein Standardweb und vergeben Sie unter Optionen die URL http://localhost/standardweb. Klicken Sie abschließend auf OK.

Das FrontPage-Web

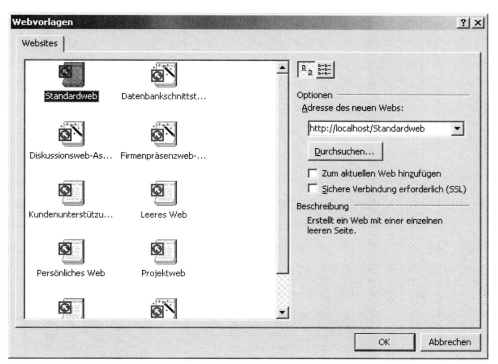

Abb. 4.9: Unterweb erstellen

3. Klicken Sie auf OK. Es wird wieder eine neue Instanz von FrontPage gestartet.

4. Schließen Sie die neue Instanz von FrontPage und bringen Sie FrontPage mit der Titelleiste http://localhost in den Vordergrund.

5. Drücken Sie einmal F5, damit die Ansicht aktualisiert wird.

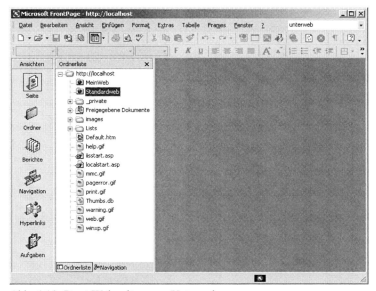

Abb. 4.10: Root-Web mit neuem Unterweb

Sie sehen, dass ein weiterer Ordner mit dem Namen **Standardweb** angelegt wurde und als Web gekennzeichnet ist. Wenn Sie diesen Ordner mit einem Doppelklick öffnen, wird wieder eine neue Instanz von FrontPage gestartet, mit der Sie dann das entsprechende Web bearbeiten können.

4.5 Verschachtelte Webs

Mit FrontPage 2002 ist es möglich, innerhalb eines Unterwebs ein weiteres Web anzulegen. Man spricht dabei auch von "Nested-Webs", also von Verschachtelungen von mehreren Unterwebs.

Verschachteltes Web Sie erstellen ein neues Web innerhalb eines Unterwebs.

1. Öffnen Sie das Web **Standardweb** mit einem Doppelklick. Eine neue Instanz von FrontPage wird gestartet.

2. Klicken Sie auf **Datei → Neu → Seite oder Web...** und dann im Aufgabenbereich auf **Leeres Web**.

3. Geben Sie in den Optionen die URL http://localhost/standardweb/leeres web für das Web an.

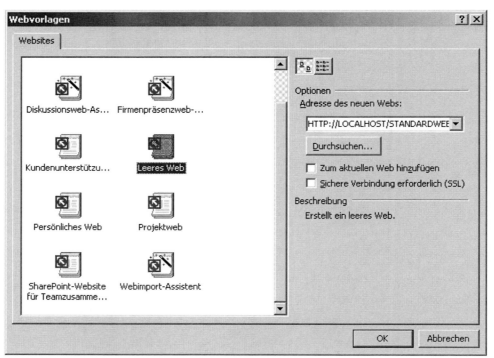

Abb. 4.11: Verschachteltes Web erstellen

4. Klicken Sie auf OK.

5. Schließen Sie die neue Instanz von FrontPage.

Das FrontPage-Web

6. Aktivieren Sie **Ansicht** → **Ordnerliste** die Ordnerliste, die das **Standardweb** anzeigt, indem Sie in den Bereich klicken.

7. Drücken Sie F5.

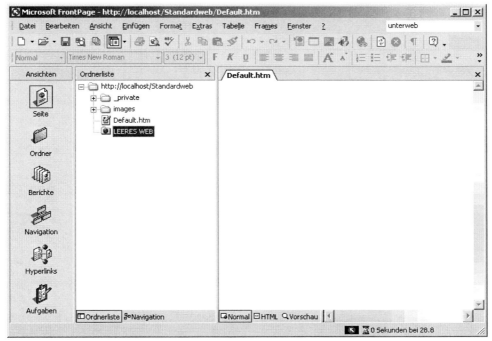

Abb. 4.12: Das neu angelegte Web

Wie Sie sehen, wurde das neue Web mit dem Namen **Leeres Web** im Web mit dem Namen **Standardweb** angelegt. Es ist somit also ein Unterweb. Das Web **Standardweb** wiederum ist ein Unterweb des Root-Webs. Diese Möglichkeit der Ordnung nennt man verschachtelte Webs oder Nested-Webs.

8. Schließen Sie die Instanz von FrontPage, die das Web **Standardweb** darstellt.

Übungsaufgabe
Machen Sie sich mit den unterschiedlichen Webs vertraut, indem Sie die Ergebnisse im **localhost** und in den entsprechenden Unterordnern anschauen.

4.6 Web konvertieren

Der Unterschied zwischen einem normalen Ordner und einem Web besteht einzig und allein in der Art und Weise, wie diese von FrontPage verwaltet werden. Mit FrontPage 2002 ist es möglich, normale Ordner in Webs zu konvertieren und umgekehrt.

 Das FrontPage-Web

Ordner konvertieren Sie konvertieren einen Ordner in ein Web.

1. Klicken Sie mit der rechten Maustaste auf den ersten Eintrag http://localhost in der **Ordnerliste**.

2. Wählen Sie aus dem Kontextmenü **Neuer Ordner**.

3. Geben Sie dem Ordner den Namen *Konvertierung*.

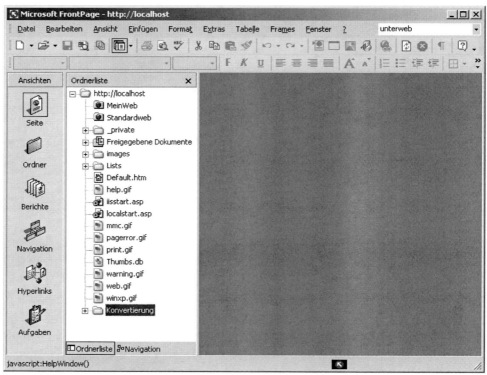
Abb. 4.13: Neu angelegter Ordner

4. Klicken Sie mit der rechten Maustaste auf den erstellten Ordner und wählen Sie den Befehl **In Web konvertieren**.

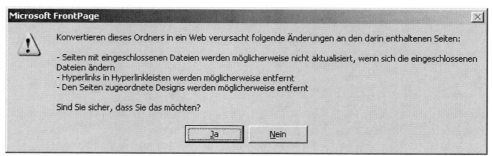
Abb. 4.14: Web konvertieren

5. Bestätigen Sie die Dialogbox mit Ja.

Der Ordner wird nun in ein Web konvertiert und kann jetzt mit einer neuen Instanz von FrontPage bearbeitet werden. Es ist ebenso möglich, ein Web in einen Ordner zu konvertieren. Allerdings sollte man diese Funktion vorsichtig verwenden, da spezielle Informationen verloren gehen können.

Sie konvertieren ein Web in einen Ordner. **Web konvertieren**

1. Klicken Sie mit der rechten Maustaste auf das Web mit dem Namen Konvertierung und wählen Sie aus dem Kontextmenü In Ordner konvertieren.

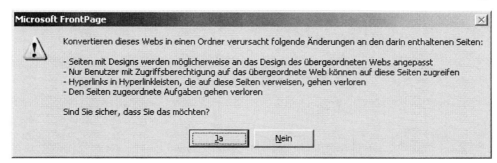

Abb. 4.15: Web in Ordner konvertieren

2. Bestätigen Sie die Dialogbox mit Ja.

Zusammenfassung

▶ Über Datei → Neu → Seite oder Web... erstellt FrontPage ein komplexes Web mit Hyperlinks und aktive Elementen.

▶ Über Datei → Vorschau in Browser... können Sie das erstellte Dokument in einer wählbaren Auflösung im Browser anzeigen lassen.

▶ Im Root-Web werden Ihre erstellten Dateien angezeigt. Ordner, die mit _Unterstrich beginnen, dürfen weder verändert noch gelöscht werden. Das Root-Web beinhaltet alle anderen Webs.

▶ Das Start-Dokument heißt in der Regel default.htm, start.htm oder index.htm und wird automatisch vom Browser geladen.

▶ Die Taste aktualisiert die Ansicht im Browser oder auch in der Ordnerliste.

▶ Ein Unterweb ist ein Web im Root-Web. Wird im Unterweb ein weiteres Unterweb erstellt, spricht man von Web-Verschachtelungen oder Nested-Webs.

▶ Ordner können in Webs und umgekehrt konvertiert werden.

Das FrontPage-Web

Testaufgaben

▶ Frage 1: Wie kann mit einem Browser das Root-Web angezeigt werden?

    A. http://localhost

    B. http://rootweb

    C. http://localhost/rootweb

▶ Frage 2: Wie bezeichnet man ein Web innerhalb eines weiteren Webs?

    A. Subweb

    B. Unterweb

    C. Underweb

▶ Frage 3: Wie nennt man auch die Möglichkeit, Webs zu verschachteln?

    A. Nested-Webs

    B. Web in Web

    C. Webbing

▶ Frage 4: Können normale Ordner in Webs konvertiert werden?

    A. Ja

    B. Nein

5 Unterschiedliche Ansichten

Ziele dieses Kapitels

- Sie verstehen, wie Sie Web-Berichte nutzen können.

- Sie lernen, wie Sie die Navigation verwenden.

- Sie erstellen Aufgaben.

Unterschiedliche Ansichten

FrontPage bietet Ihnen verschiedene Ansichten an. Die Ansichten beziehen sich zum Teil auf die Web-Struktur sowie auf die Darstellung des eigentlichen HTML-Dokuments.

Die verschiedenen Ansichten für die Web-Struktur befinden sich standardmäßig auf der linken Seite. Sie sind auch über das Menü **Ansicht** erreichbar.

5.1 Seite

Mit dieser Ansicht werden Sie wohl am häufigsten arbeiten. Die Ansicht **Seite** erlaubt es Ihnen, durch einen Doppelklick auf ein entsprechendes Dokument, dieses per WYSIWYG zu bearbeiten. („What you see is what you get" bedeutet soviel wie: „Was Du siehst, ist das, was Du bekommst" und meint das Arbeiten in der originalgetreuen Vorschau des fertigen Dokuments.) Nur in dieser Ansicht sind die entsprechenden Symbole zum Editieren von Text und anderen Objekten aktiv.

Seitenansicht   Sie verwenden die Ansicht **Seite**.

1. Öffnen Sie das Web **MeinWeb**.

2. Wählen Sie mit einem Mausklick auf das Icon die Ansicht **Seite** aus, falls diese noch nicht aktiv sein sollte.

3. Öffnen Sie mit einem Doppelklick die Datei DEFAULT.HTM.

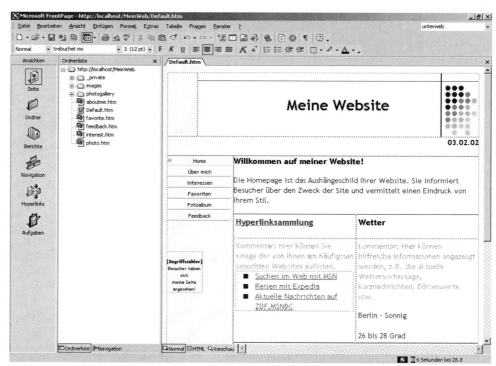

Abb. 5.1: Ansicht Seite

Unterschiedliche Ansichten

Das Dokument kann nun mit den vorhandenen Funktionen editiert werden. Sie haben die Möglichkeit, eine aus drei weiteren Ansichten für das eigentliche Dokument auszuwählen. Die Ansichten können am unteren Rand des Editor-Fensters ausgewählt werden.

▸ Ansicht **Normal** \Normal / HTML / Vorschau /. Wie in der vorhergehenden Abbildung zu sehen, stellt Ihnen diese Ansicht das Dokument mit WYSIWYG dar. Zusätzlich sehen Sie Hilfslinien, die Objektbegrenzungen darstellen. Weitere Absatzmarken und Objektlinien können über das Symbol ¶ hinzugefügt werden. In dieser Ansicht können Sie das Dokument editieren.

▸ Ansicht **HTML** \Normal \ HTML / Vorschau /. Diese Ansicht zeigt Ihnen das Dokument in HTML an. Man kann zwar nicht erkennen, wie das eigentliche Dokument später aussieht, jedoch können in der Ansicht **HTML** direkt entsprechende HTML-Tags geändert werden. Sie sollten in dieser Ansicht Änderungen allerdings nur vornehmen, wenn Sie über fundierte HTML-Kenntnisse verfügen. Sie operieren hier quasi am offenen Herzen!

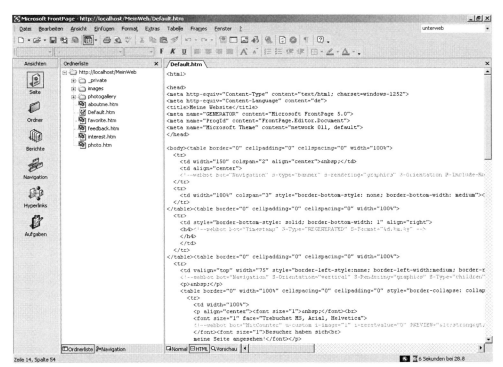

Abb. 5.2: Ansicht HTML

▸ Ansicht **Vorschau** \Normal / HTML \ Vorschau /. In der Ansicht **Vorschau** bekommen Sie einen ersten Vorgeschmack auf das künftige Aussehen des Dokuments. Wenn Sie allerdings ganz sicher sein möchten, dass das Dokument korrekt angezeigt wird, verwenden Sie den Menübefehl **Datei** → **Vorschau in Browser...**

Microsoft® FrontPage 2002 - Einführung

Übungsaufgabe
Probieren Sie die unterschiedlichen Ansichten aus und machen Sie sich mit ihnen vertraut.

5.2 Ordner

Die Ordneransicht gibt Ihnen Aufschluss über den Bearbeiter, die Größe, den Typ sowie weitere Eigenschaften von Dateien und Ordnern. Zusätzlich werden Ihnen Kommentare angezeigt, die zum Beispiel für andere Autoren gedacht sein könnten.

Ordneransicht Sie verwenden die Ansicht **Ordner**.

1. Klicken Sie auf das Icon .

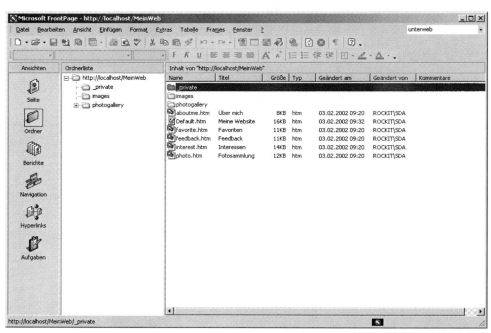

Abb. 5.3: Die Ordneransicht

2. Klicken Sie mit der rechten Maustaste auf die Datei DEFAULT.HTM und wählen Sie den Befehl **Eigenschaften...**

3. Klicken Sie auf Zusammenfassung und geben Sie einen neuen Kommentar ein.

Unterschiedliche Ansichten

Abb. 5.4: Neuer Kommentar

4. Klicken Sie auf OK.

Der Kommentar wird Ihnen in der Ordneransicht angezeigt.

Übungsaufgabe
Geben Sie weitere Kommentare zu einzelnen Dokumenten ein.

5.3 Berichte

Eine überaus leistungsfähige Funktion von FrontPage sind die so genannten Berichte. Mehrere Berichte geben Ihnen Aufschluss über die Anzahl der Dokumente im Web, über deren Ladezeiten, über unterbrochene Hyperlinks und anderes mehr. Diese Informationen bieten einem Programmierer die Möglichkeit, ein Web zu optimieren und eventuelle Fehler zu finden.

Sie verwenden die Ansicht Berichte. **Berichte-Ansicht**

1. Klicken Sie auf das Icon .

Unterschiedliche Ansichten

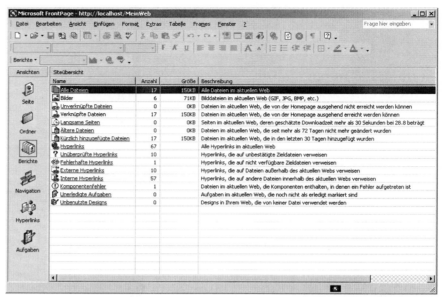

Abb. 5.5: Die Berichteansicht

2. Sie können mehrere Berichte auswählen. Die entsprechenden Beschreibungen sind selbsterklärend. Durch einen Doppelklick auf den entsprechenden Namen öffnet sich der Einzelbericht, in dem Sie die vorhandenen Dateien sehen und bei Bedarf editieren können.

Tipp Sie können die einzelnen Berichte auch über das Menü Ansicht → Berichte aufrufen. Zur Siteübersicht gelangen Sie nach Aufruf eines Einzelberichts über Ansicht → Berichte → Siteübersicht.

Zwei Berichte sollten Sie öfter überprüfen.

▶ Bericht **Unverknüpfte Dateien**. Solche Dateien befinden sich innerhalb des Webs, sind aber durch einen Hyperlink nicht erreichbar. Dies kann gewollt sein (zum Beispiel für interne Verwaltungsfunktionen, die den Besuchern der Website nicht zugänglich sein sollen), aber manchmal vergisst man einfach solche „Dateileichen", die dann mit publiziert werden und das Web unnötig aufblähen.

▶ Bericht **Fehlerhafte Hyperlinks**. FrontPage erkennt Hyperlinks, die auf ein nicht mehr vorhandenes Ziel zeigen. Solche Hyperlinks sollten nicht vorhanden sein, da sie zu einer Fehlermeldung im Browser führen (wie „404 – Seite nicht gefunden").

Übungsaufgabe
Machen Sie sich mit den beiden Berichten **Unverknüpfte Dateien** und **Fehlerhafte Hyperlinks** vertraut.

Unterschiedliche Ansichten

5.4 Navigation

Die Navigationsansicht bietet Ihnen ebenfalls leistungsfähige Funktionen an. Sie können in dieser Ansicht per Drag&Drop Bezüge zwischen verschiedenen Dokumenten erstellen. FrontPage erstellt darüber automatisch die notwendigen Hyperlinks in den einzelnen Dokumenten. Die Bezüge untereinander können Sie optisch verfolgen.

Sie verwenden die Navigationsansicht. **Navigationsansicht**

Klicken Sie auf das Icon , um in die Navigationsansicht zu gelangen.

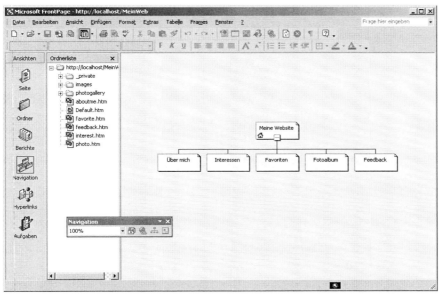

Abb. 5.6: Navigationsansicht

Auf der rechten Seite sehen Sie die momentane Beziehung zwischen den Seiten, **Tipp**
mit Angabe des Seitentitels. Wenn Sie mit der Maus auf ein Symbol klicken,
zeigt Ihnen FrontPage in der Statuszeile die komplette URL der Seite an.

5.4.1 Dokument hinzufügen

Neue Dokumente lassen sich in dieser Ansicht besonders einfach hinzufügen.

Sie fügen eine Seite zur Navigation hinzu. **Navigation erweitern**

1. Wählen Sie aus dem Menü → Neu den Befehl Seite oder Web... und klicken Sie im Aufgabenbereich auf Leere Seite. Es erscheint eine neue Seite, die in der Navigationsstruktur automatisch an Meine Website angehängt wird.

2. Klicken Sie mit der rechten Maustaste auf den Dokumentennamen, wählen Sie Umbenennen und vergeben Sie den Namen *Gemalte Bilder*.

Unterschiedliche Ansichten

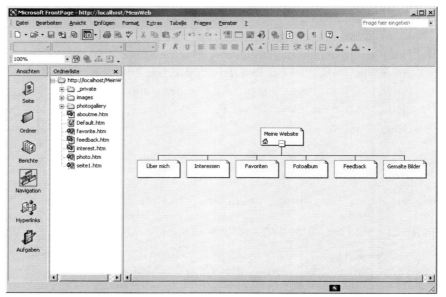

Abb. 5.7: Seite hinzufügen

Die Hauptseite **Meine Website** enthält nun einen Hyperlink auf die neue Seite. Auch von allen anderen Seiten aus ist die neue Seite direkt zu erreichen, denn sie wurde automatisch in die Navigationsstruktur integriert.

Beachten Sie, dass die Seite in der Ordnerliste immer noch den von FrontPage vergebenen Namen seite1.htm trägt. Sie benennen die Datei wie im Windows Explorer üblich über das Kontextmenü und dem Befehl **Umbenennen** um. FrontPage aktualisiert bei Änderungen von Dateinamen standardmäßig und ohne Ihr Zutun alle Verknüpfungen.

Navigation testen   Sie überprüfen die Navigation.

1. Öffnen Sie die Seite DEFAULT.HTM mit einem Doppelklick. FrontPage wechselt automatisch in die Seitenansicht.

2. Klicken Sie im Editor auf die Ansicht Vorschau.

Der Link bekommt von Frontpage automatisch den Navigationstitel als Bezeichnung verpasst.

Unterschiedliche Ansichten

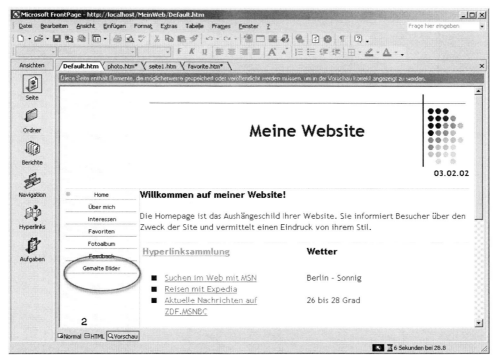

Abb. 5.8: Neuer Link in der Navigation

5.4.2 Eine Unterseite erstellen

Sie können sich unterhalb der Hauptseiten weitere Seiten einfügen.

Unterseite erstellen

1. Wechseln Sie wieder in den Bereich Navigation und wählen Sie aus dem Menü Datei den Befehl Neu → Seite oder Web... und klicken Sie im Aufgabebereich auf Leere Seite.

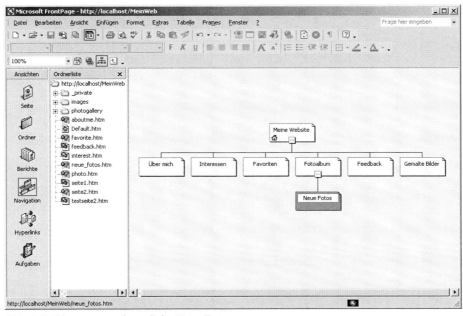

Abb. 5.9: Die untergeordnete Seite Neue Fotos

Microsoft® FrontPage 2002 - Einführung   45

2. Ziehen Sie die neue Seite unterhalb einer Seite der ersten Ebene, beispielsweise unter Fotoalbum. Es erscheint eine Verknüpfung zu dieser Seite.

3. Benennen Sie die Seite in Neue Fotos um.

5.4.3 Navigationsstruktur verändern

Wenn Sie die Seite Fotoalbum öffnen, werden Sie feststellen, dass das angezeigte Dokument keinen Link zur hinzugefügten Seite Neue Fotos besitzt. Sie erzeugen im Folgenden einen entsprechenden Link.

Navigation beeinflussen   Sie verändern das Erscheinungsbild der Navigation.

1. Öffnen Sie die Seite Fotoalbum in der Normalansicht des Editors.

2. Doppelklicken Sie den linken Kommentar, um die Eigenschaften der Hyperlinkleiste zu öffnen.

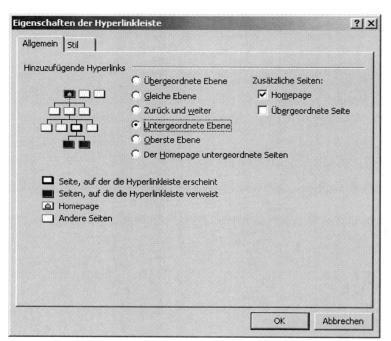

Abb. 5.10: Navigationsleisteneigenschaften

3. Aktivieren Sie die Option Untergeordnete Ebene und unter Zusätzliche Seite die Option Homepage.

4. Bestätigen Sie mit OK.

Sie sehen sofort im Editor, welche Hyperlinks hinzugefügt wurden. Die Datei verweist nun auf die Seiten Home und Neue Fotos.

5. Sehen Sie sich die Seite im Browser an.

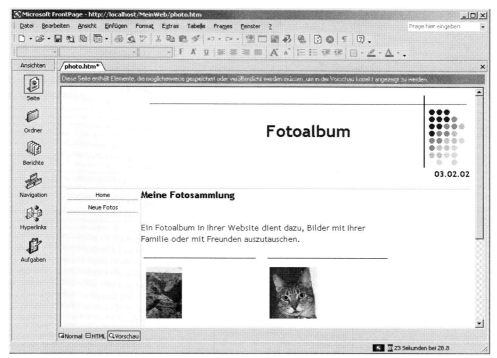

Abb. 5.11: Das Fotoalbum mit zwei Hyperlinks auf die Seiten Home und Neue Fotos

5.4.4 Neue Seite mit Navigationsstruktur versehen

In der neuen Seite Neue Fotos ist noch kein Inhalt vorhanden. Allerdings soll man von dort natürlich wieder zurück navigieren können.

Navigationsstruktur einfügen

1. Öffnen Sie die neue Seite Neue Fotos.

2. Wählen Sie aus dem Menü Einfügen den Befehl Navigation.

3. Im Dialog Webkomponente einfügen wählen Sie als Komponententyp Hyperlinkleisten, als Leistentyp wählen Sie Leiste basiert auf Navigationsstruktur.

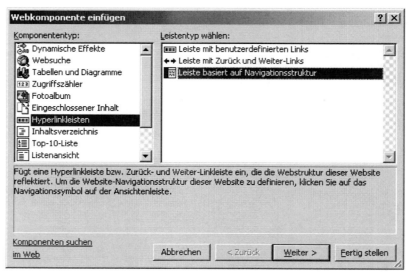

Abb. 5.12: Der Dialog Webkomponente einfügen

4. Klicken Sie zweimal auf Weiter >. Stellen Sie als Orientierungsart Vertikal ein und klicken Sie auf Fertig stellen.

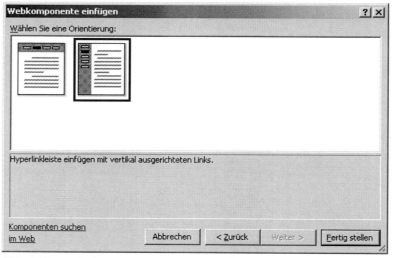

Abb. 5.13: Vertikale Ausrichtung der Navigationsleiste

5. Wählen Sie im folgenden Dialog Eigenschaften der Hyperlinkleiste unter Hinzuzufügende Hyperlinks die Option Gleiche Ebene.

6. Unter Zusätzliche Seiten aktivieren Sie die Option Homepage und Übergeordnete Seite.

Unterschiedliche Ansichten

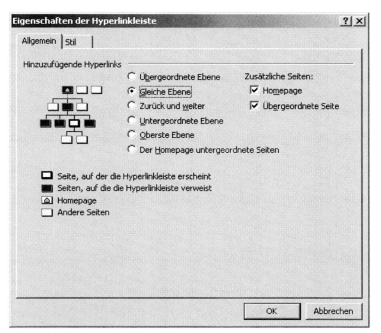

Abb. 5.14: Einzufügende Hyperlinks

7. Klicken Sie auf OK.

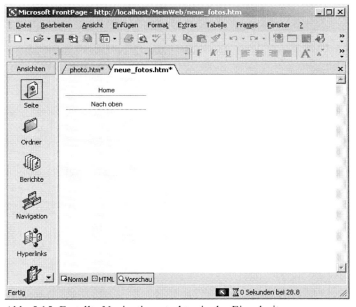

Abb. 5.15: Erstellte Navigationsstruktur in der Einzelseite

Sie haben gesehen, dass es mehrere Möglichkeiten gibt, die Navigation zu beeinflussen. Optisch ist es schöner, wenn man statt normaler Text-Hyperlinks Schaltflächen verwendet. Wie Sie gleich sehen werden, können Sie das Aussehen der Schaltflächen und noch einiges mehr verändern.

5.4.5 Zuordnen von Designs

FrontPage bietet Ihnen die Möglichkeit, das gesamte Erscheinungsbild des Webs sowie einzelner Seiten direkt und mit wenigen Handgriffen zu beeinflussen. Dazu stehen Ihnen verschiedene Designs zur Verfügung, die verschiedene Grafiken für Schaltflächen, Hintergründe, Trennungslinien und anderes mehr bereitstellen.

Design auswählen Sie verwenden ein neues Design.

1. Klicken Sie im Menü auf **Format → Design...**

2. Wählen Sie ein neues Design aus, zum Beispiel **Poesie**.

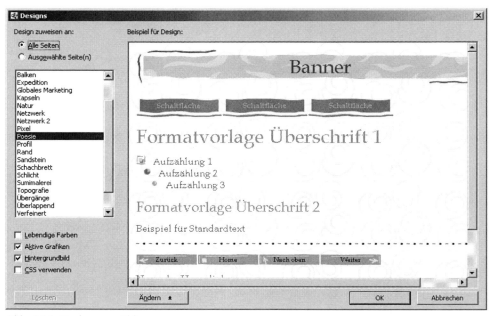

Abb. 5.16: Design auswählen

3. Klicken Sie auf OK.

Da die Option **Alle Seiten** ausgewählt ist, betrifft die Änderung des Designs das gesamte Web.

Über die Schaltfläche Ändern können Sie das vorhandene Design anpassen. Es ist außerdem möglich, eigene Designs zu entwerfen. Für weitere Informationen verwenden Sie bitte die Hilfe.

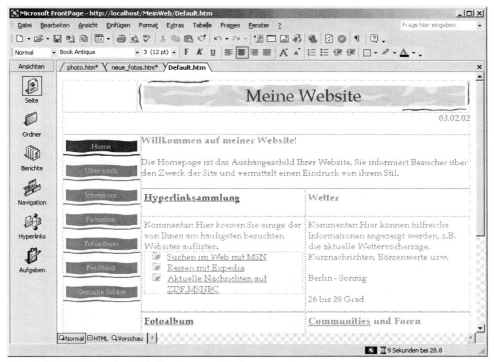

Abb. 5.17: Sie haben der Website ein neues Design zugewiesen

Übungsaufgaben

▶ Weisen Sie dem Web weitere Designs zu und schauen Sie sich das jeweilige Ergebnis im Browser an.

▶ Erstellen Sie nach Belieben weitere Seiten, die Sie per Drag&Drop verschieben und mit anderen Seiten verbinden.

5.5 Ansicht Hyperlink

Die Hyperlinkansicht stellt Ihnen ebenfalls die Beziehung der Seiten untereinander grafisch dar. Der Unterschied zur Navigationsansicht ist der, dass diese Ansicht auch manuell eingefügte Hyperlinks anzeigen kann, solche Links also, die Sie nicht mit Hilfe einer Navigationsleiste oder in der Navigationsansicht erstellt haben.

Sie verwenden die Hyperlinkansicht.

Klicken Sie auf das Icon, um in die Hyperlinkansicht zu gelangen.

Hyperlinkansicht verwenden

Unterschiedliche Ansichten

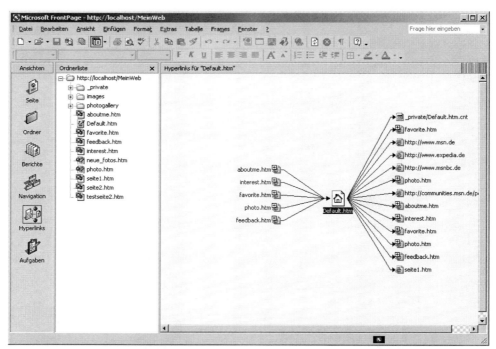

Abb. 5.18: Hyperlinkansicht

Diese Ansicht ermöglicht es Ihnen zu erkennen, welche Seiten einen Hyperlink auf das in der Mitte stehende Dokument haben und auf welche Seiten Hyperlinks von diesem Dokument aus zeigen. Das Icon gibt Ihnen an, dass sich in diesem Dokument ebenfalls Hyperlinks befinden. Klicken Sie auf dieses Icon, öffnet sich der Baum weiter. Da meistens Hyperlinks in beide Richtungen zeigen, kann man sich sehr schnell im Kreis drehen.

5.6 Aufgaben

Sie können verschiedenen Personen, die an einem Web arbeiten, Aufgaben zuweisen. Damit sind die Koordination und das Überprüfen von Aufgaben möglich. Seiten mit Fehlern können mit einem entsprechenden Kommentar markiert werden. Außerdem ist auch eine Überprüfung, ob die Aufgabe bereits erledigt wurde, in dieser Ansicht möglich.

Aufgabe erstellen Sie verwenden die Aufgabenansicht.

1. Wählen Sie aus dem Menü **Bearbeiten** → **Aufgaben** → **Aufgabe hinzufügen**.

2. Denken Sie sich eine Aufgabe aus und klicken Sie auf OK.

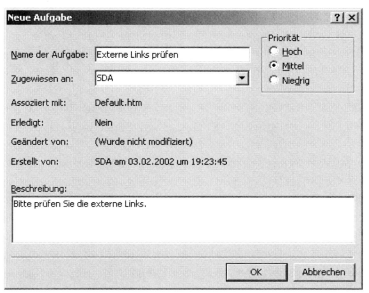

Abb. 5.19: Neue Aufgabe

3. Klicken Sie auf das Icon .

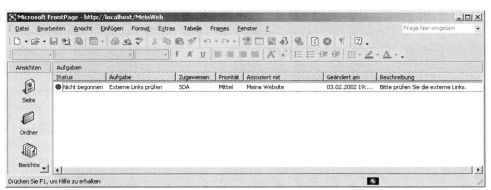

Abb. 5.20: Aufgabenansicht

4. Klicken Sie mit der rechten Maustaste auf die Aufgabe und wählen Sie **Aufgabe ausführen**.

Abb. 5 21: Kontextmenü

5. FrontPage wechselt automatisch in die Seitenansicht und zeigt das mit der Aufgabe assoziierte Dokument an. Nach der Bearbeitung können Sie die Aufgabe als erledigt markieren.

Entdeckt FrontPage selbst Fehler in Dokumenten, erstellt es Aufgaben mitunter automatisch.

Unterschiedliche Ansichten

Zusammenfassung

▶ Über die Ansicht **Seite** können Sie ein Dokument über einen Doppelklick per WYSIWYG bearbeiten. Dabei haben Sie Zugriff auf die drei weiteren Ansichten **Normal, HTML** und **Vorschau**.

▶ Über die Ansicht **Ordner** können Sie Eigenschaften wie Bearbeiter, Größe und Typ des Dokuments betrachten. Zudem sehen Sie Kommentare.

▶ Über die Ansicht **Berichte** erhalten Sie einen Überblick über die Anzahl der Dokumente im Web, über Ladezeiten oder beispielsweise über unterbrochene Hyperlinks. Damit können Sie Ihr Web optimieren und Fehler beheben. Wichtig sind insbesondere die Berichte **Unverknüpfte Dateien** und **Fehlerhafte Hyperlinks**.

▶ Über die Ansicht **Navigation** können Sie per Drag&Drop Bezüge zwischen Dokumenten erstellen. Über den Dialog **Eigenschaften der Hyperlinkleiste** verändern Sie die Eigenschaften der Hyperlinks und können Schaltflächen oder Textlinks definieren. Sie können über **Format** → **Design** das Design des gesamten Webs verändern.

▶ Über die Ansicht **Hyperlinks** können Sie die Beziehungen der Seiten untereinander ansehen. Manuell eingefügte Hyperlinks sind hier im Gegensatz zur Navigationsansicht ebenfalls sichtbar.

▶ Die Ansicht **Aufgaben** ermöglicht eine Zuordnung von zu erledigenden Aufgaben an verschiedene Personen, die am Web mitarbeiten, und erleichtert dadurch die Koordination.

Testaufgaben

▶ Frage 1: In welcher Ansicht ist es möglich, ein Dokument zu bearbeiten?

    A. Seitenansicht

    B. Navigationsansicht

    C. Berichteansicht

▶ Frage 2: Welche Schritte müssen Sie machen, um direkt Änderungen in HTML durchzuführen?

    A. Das ist nicht möglich.

    B. Seitenansicht auswählen. Im Editor HTML-Ansicht auswählen.

    C. Navigationsansicht auswählen, dann HTML-Ansicht auswählen.

▶ Frage 3: Welchen Berichten sollte man besondere Beachtung schenken?

    A. Ältere Dateien

    B. Bilder, Hyperlinks

    C. Fehlerhaften Hyperlinks, unverknüpfte Dateien

▶ Frage 4: Kann die FrontPage-Navigation automatisch Hyperlinks verwalten und anlegen?

    A. Ja

    B. Nein

▶ Frage 5: Kann man direkt das einer Aufgabe zugeordnete Dokument bearbeiten?

    A. Nein

    B. Ja

6 Web als Projekt

Ziele dieses Kapitels

- Sie treffen Überlegungen für die Webgestaltung.

- Sie setzen Eigenschaften von Objekten innerhalb des HTML-Dokuments.

- Sie lernen den Editor und seine Funktionen kennen.

- Sie verwenden Frames und setzen Hyperlinks ein.

- Sie fragen eine Datenbank mit dem Wizard ab.

Bevor Sie ein Web erstellen, sollten Sie sich genau überlegen, was Sie eigentlich machen möchten. Entscheidend ist, wo Sie das Web später einsetzen wollen. Hier stellt sich auch die Frage nach dem Webserver und danach, welche Funktionen er bietet? Und: Unterstützt jeder Browser die eingesetzten Funktionen? Ein Webserver, der die Frontpage Server Extensions nicht verarbeiten kann, kann entsprechend mit derart kodierten Informationen nichts anfangen. Wenn der Server es kann, aber der Browser beispielsweise keine Frames unterstützt, ist das Ergebnis das gleiche: eine mit viel Aufwand programmierte Website, die nicht funktioniert.

Für unser Beispielprojekt sind diese Fragen allerdings hinfällig, da der bei der Installation eingerichtete Webserver und die FrontPage Server Extensions alle Funktionen unterstützen.

6.1 Die Frametechnik

Frames Für die eigentliche Navigation innerhalb des Webs werden Sie nicht die schon bekannte Navigationsansicht von FrontPage verwenden, sondern sich sinnvoller Weise der Frametechnik bedienen. Mit Hilfe von Frames können Sie mehrere HTML-Seiten gleichzeitig in einem Browser darstellen. Das bringt ganz neue Möglichkeiten der Trennung von Information und Navigation. Bestimmte Informationen, beispielsweise das Inhaltsverzeichnis oder ein Banner mit einem Firmenlogo, sollten permanent zur Verfügung stehen.

So könnte eine Frameseite aussehen:

Banner-Frame (zum Beispiel Banner.htm)	
Inhalts-Frame (zum Beispiel Inhalt.htm)	Haupt-Frame (zum Beispiel Hauptseite.htm)

In diesem Beispiel sehen Sie drei HTML-Dokumente, die einen bestimmten Bereich einnehmen. Der Gestaltung und Anzahl der HTML-Seiten sind fast keine Grenzen gesetzt. Allerdings werden Sie in diesem Projekt diesen gebräuchlichen Aufbau verwenden.

6.1.1 Frameset erstellen

Frameset Zusätzlich zu den HTML-Seiten, die angezeigt werden sollen, benötigt der Browser noch Informationen, wie die Seiten dargestellt werden sollen. Diese und weitere Informationen werden in einer besonderen HTML-Seite, dem *Frameset*, gespeichert.

Web als Projekt

FrontPage beinhaltet eine Art Wizard, mit dem Sie problemlos Frames erstellen und verändern können. Das komplizierte Entwerfen des Framesets entfällt damit.

Sie erstellen ein Frameset.

Frameset erstellen

1. Schließen Sie eventuell noch offene FrontPage-Instanzen und legen Sie ein neues Web an. Verwenden Sie als Vorlage Leeres Web und geben Sie die URL *http://localhost/public* an.

2. Klicken Sie auf Datei → Neu → Seite oder Web... und dann Seitenvorlagen im Aufgabenbereich.

3. Wählen Sie das Register Frameseiten.

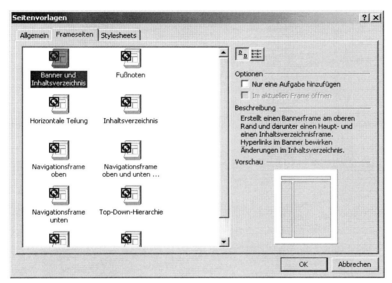

Abb. 6.1: Frameset erstellen

4. Wählen Sie Banner und Inhaltsverzeichnis und klicken Sie auf OK.

Web als Projekt

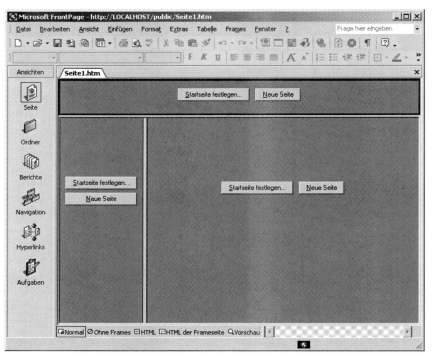

Abb. 6.2: Erstelltes Frameset

5. Da noch keinem Frame eine HTML-Seite zugeordnet ist, klicken Sie in jedem Frame auf Neue Seite.

   Wären bereits HTML-Seiten im Web vorhanden, könnte man diese direkt einem Frame zuordnen. Eine neue Seite wird automatisch als Startseite definiert. Eine Startseite ist deshalb nötig, weil der Browser bereits beim Aufruf eines Framesets ein Dokument darstellen muss. Ist kein Dokument vorhanden, sehen Sie in dem entsprechenden Frame eine Fehlermeldung.

6. Klicken Sie auf Datei → Speichern oder auf das Icon.

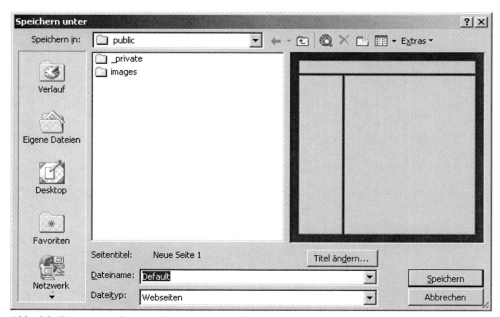

Abb. 6.3: Frameset und zugeordnete HTML-Seiten speichern

Web als Projekt

7. Vergeben Sie den Namen DEFAULT und klicken Sie auf Speichern. Wiederholen Sie den Vorgang für die Dateien *BANNER* , *INHALT* und *HAUPTSEITE*. Vergeben Sie zudem über die Schalftfläche Titel ändern... einen neuen Seitentitel.

FrontPage markiert für Sie immer die entsprechenden Frames. Soll das Frameset gespeichert werden, wird der Hintergrund markiert.

Alle HTML-Dokumente und das Frameset sind nun gespeichert.

Durch die Vergabe des Namens DEFAULT für das Frameset ist das entsprechende Dokument das Standarddokument und wird geladen, falls Sie kein anderes Dokument angeben. Der URL HTTP://localhost/public würde somit ebenfalls das Frameset anzeigen.

6.1.2 Frameset verändern

Es gibt mehrere Möglichkeiten, das Frameset zu verändern. Ähnlich wie in einer Tabelle können Sie die einzelnen Begrenzungen mit der Maus verschieben. Weitere Einstellmöglichkeiten erreichen Sie mit einem rechten Mausklick in den entsprechenden Frame oder über das Menü **Frames**.

Sie verändern die Frameeigenschaften.

Frameset bearbeiten

1. Klicken Sie mit der rechten Maus in den Inhaltsframe und wählen Sie **Frameeigenschaften...**

Abb. 6.4: Frameeigenschaften

2. Deaktivieren Sie die Option **Größe im Browser veränderbar** und wählen Sie unter **Bildlaufleisten anzeigen** den Eintrag **Nie** aus.

Microsoft® FrontPage 2002 - Einführung

Web als Projekt

Bei einem Inhaltsframe ist es sinnvoll, eine absolute und nicht veränderbare Breite zu verwenden. So wird gewährleistet, dass alle Einträge lesbar bleiben. Die Bildlaufleisten sind erforderlich, falls der Inhalt des Frames nicht komplett in den vorgegebenen Bereich passt.

3. Klicken Sie auf Frameseite und deaktivieren Sie die Option **Rahmen anzeigen**.

4. Bestätigen Sie beide Dialogboxen mit OK.

Die einzelnen Frames sind nicht mehr durch den Rahmen getrennt und gehen fließend ineinander über. Klicken Sie in die einzelnen Bereiche, markiert FrontPage den Frame während der Bearbeitung.

Übungsaufgabe
Legen Sie ein neues leeres Web innerhalb des Root-Webs an. Vergeben Sie zum Beispiel den Namen *uebung1*. Erstellen Sie dann ein Frameset. Verwenden Sie zum Beispiel **Verschachtelte Hierarchie**.

6.1.3 Seiteneigenschaften

Die Seiteneigenschaften bieten mehrere Möglichkeiten, das Aussehen und Verhalten einer Seite zu verändern, beispielsweise über Hintergrundklänge, Farben oder Ränder.

Seiteneigenschaften verändern

Sie ändern die Seiteneigenschaften.

1. Klicken Sie mit der rechten Maustaste in den Bannerframe und wählen Sie den Befehl **Seiteneigenschaften...**

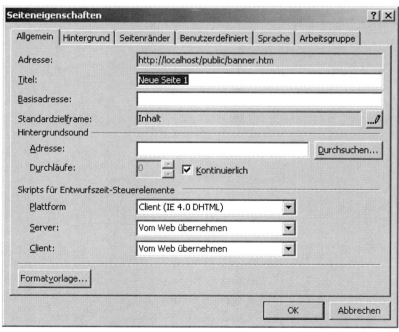

Abb. 6.5: Seiteneigenschaften

2. Ändern Sie nach Belieben Hintergrundeigenschaften oder Ränder.

Der angegebene Standardzielframe bezieht sich auf eventuell vorhandene Hyperlinks innerhalb des Dokuments. Er gibt den Namen des Frames an, in dem HTML-Seiten angezeigt werden, auf die ein Hyperlink verweist. Dieser Zielframe wird automatisch verwendet, wenn Sie speziell für einen Hyperlink keinen anderen Frame angegeben haben. Die Angabe eines Zielframes ist unbedingt notwendig, da der Browser wissen muss, wo er ein neu anzuzeigendes Dokument darstellen soll.

In diesem Fall würde es bedeuten, dass alle HTML-Dokumente, auf die ein Hyperlink der BANNER.HTM zeigt, im Inhaltsframe dargestellt werden.

Sie ändern den Standardzielframe.

Standardzielframe ändern

1. Klicken Sie auf das Icon .

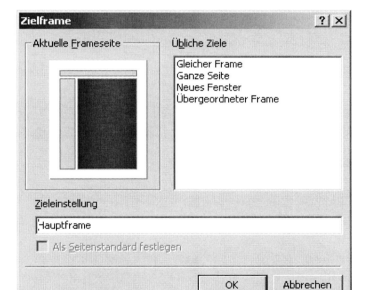

Abb. 6.6: Zielframe festlegen

2. Klicken Sie unter **Aktuelle Framesseite** auf den Hauptframe.

3. Bestätigen Sie beide Dialogboxen mit OK.

4. Ändern Sie auch die Hintergrundfarbe für das Dokument im Inhaltsframe.

Beachten Sie, dass der in den Frameeigenschaften änderbare Framename nichts mit einem im Frame dargestellten Dokument oder dessen Titel zu tun hat. Der Framename gehört zum Frameset.

Tipp

Web als Projekt

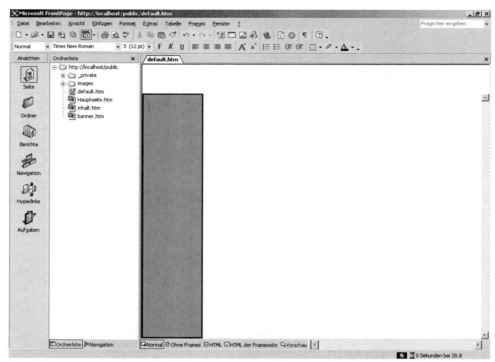

Abb. 6.7: Hintergrundfarbe verändert

Übungsaufgabe
Weisen Sie im Übungsweb einem beliebigen Dokument in den Seiteneigenschaften einen Hintergrund zu. Verwenden Sie dafür zum Beispiel ein JPEG-Bild aus dem Windows-Verzeichnis. Aktivieren beziehungsweise deaktivieren Sie die Option **Wasserzeichen** und sehen Sie sich den Unterschied im Browser an.

6.2 Objekte einfügen

Unabhängig davon, ob Sie HTML-Seiten in einem Frame darstellten, können Sie diese Seiten normal bearbeiten. Jedoch sollte man bedenken, dass normalerweise in einem Inhaltsframe nicht so viel Platz zur Verfügung steht wie beispielsweise in einem Hauptframe. Werden die Bildlaufleisten deaktiviert, kann es passieren, dass Teile des Inhalts nicht zu sehen sind.

Symbolleiste anpassen Generell kann man mit einem rechten Mausklick auf ein markiertes Objekt dessen Eigenschaften beeinflussen. Objekteigenschaften, die häufiger verändert werden, wie Farben oder horizontale Ausrichtung, befinden sich direkt als Symbole in der Symbolleiste **Standard**. Sie können die Symbolleiste nach eigenen Wünschen über den Menübefehl **Extras → Anpassen...** verändern und frei positionieren.

6.2.1 Text

Mit FrontPage können Sie Text einfügen und verändern. Sie sollten allerdings beachten, welchen Zeichensatz (Font) Sie verwenden. In einem HTML-Dokument wird zwar der eigentliche Text (inklusive der Definition des verwendeten Zeichensatzes), nicht aber der verwendete Zeichensatz selbst gespeichert. Schaut sich ein Benutzer auf einem anderen Rechner das Dokument an, auf dem der von Ihnen gewählte Zeichensatz nicht installiert, wird das Dokument unter Umständen falsch angezeigt.

Sie geben Text in die einzelnen Dokumente ein.

Text eingeben

1. Klicken Sie in den Inhaltsframe und geben Sie folgenden Text ein:

2. Geben Sie im Bannerframe zum Beispiel *Firmenlogo* ein.

3. Formatieren Sie den eingegebenen Text zum Beispiel in seiner horizontalen Ausrichtung und Größe.

4. Speichern Sie die Änderungen mit und sehen Sie sich das Ergebnis über **Datei → Vorschau im Browser...** an.

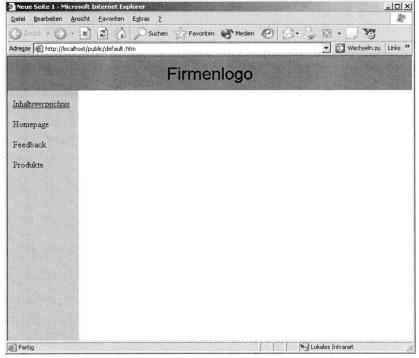

Abb. 6.8: Der Browser zeigt automatisch das gesamte Frameset an

Web als Projekt

Beim Speichern eines Framesets werden auf einen Schlag Änderungen im Frameset selbst und Änderungen in den angezeigten HTML-Seiten gespeichert. Es ist also nicht notwendig, jedes Dokument einzeln zu speichern.

6.2.2 Textmodifikation über WordArt

FrontPage 2002 ermöglicht Ihnen den Einsatz von Word Art, wodurch sich interessante Effekte erzeugen lassen.

WortArt-Effekte

1. Wählen Sie aus dem Menü Einfügen den Befehl Grafik → WordArt. Es öffnet sich der Dialog WordArt-Katalog.

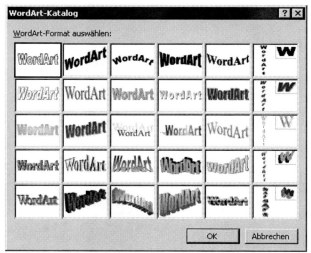

Abb. 6.9: WordArt-Vorgaben

2. Wählen Sie eine Modifikation aus und klicken Sie auf OK. Es erscheint der Dialog WordArt-Text bearbeiten.

Abb. 6.10: Der Dialog WordArt-Text bearbeiten

3. Wählen Sie Schriftart und Schriftgrad aus und geben Sie einen Text ein. Klicken Sie auf OK. FrontPage 2002 erzeugt einen grafischen Schriftzug.

Web als Projekt

Abb. 6.11: Der erzeugte Schriftzug lässt sich in der Website einbauen

Übungsaufgaben

▶ Ändern Sie den Titel des Framesets nach *Public Web*. Klicken Sie dafür mit der rechten Maustaste auf das Dokument DEFAULT.HTM und wählen Sie **Eigenschaften...** aus dem Kontextmenü.

▶ Sehen Sie sich die Änderungen im Browser an und testen Sie, ob das Frameset über HTTP://localhost/public erreichbar ist. Editieren Sie dafür einfach die Adresszeile des Browsers und aktualisieren Sie die Ansicht.

6.2.3 Tabellen

Vor der Einführung von Frames waren Tabellen die einzige Möglichkeit, Objekte wenigstens grob in einer HTML-Seite zu positionieren – eine ausreichende Lösung, wenn man nicht an einer punktgenauen Positionierung interessiert ist.

Sie fügen eine Tabelle ein.

Tabelle einfügen

1. Klicken Sie auf Tabelle → Einfügen → Tabelle... oder verwenden Sie entsprechend das Symbol , um in der Hauptseite eine Tabelle mit vier Zeilen und einer Spalte zu erstellen.

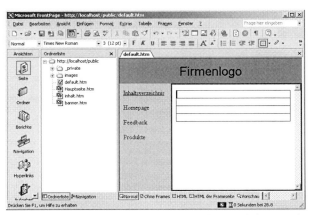

Abb. 6.12: Eingefügte Tabelle mit vier Zeilen und einer Spalte

Microsoft® FrontPage 2002 - Einführung

Web als Projekt

2. Klicken Sie mit der rechten Maustaste in die Tabelle und wählen Sie **Tabelleneigenschaften...** aus dem Kontextmenü.

Abb. 6.13: Tabelleneigenschaften

3. Geben Sie für die Höhe *100%* an und für die Rahmenstärke *0*.

4. Als Textabstand stellen Sie *1* ein, als Zeilenabstand *2*.

5. Klicken Sie auf OK.

Die gestrichelte Umrahmung der einzelnen Zellen ist nur im Entwurf sichtbar.

Tabelle bearbeiten Sie nehmen nachträglich Änderungen an der Tabelle vor.

1. Blenden Sie die Symbolleiste **Tabellen** über das Menü **Ansicht →Symbolleisten** ein. Legen Sie die Symbolleiste an einer beliebigen Stelle ab.

2. Klicken Sie auf das Symbol und ziehen Sie eine vertikale Linie in der Mitte der zweiten Zeile. Diese Funktion arbeitet ähnlich wie ein Zeichenstift.

3. Deaktivieren Sie die Funktion durch nochmaliges Klicken auf das Symbol.

Abb. 6.14: Tabelle verändern

Sollte sich der Strich an einer falschen Stelle befinden, können Sie ihn noch nachträglich mit der Maus positionieren oder über das Symbol wieder entfernen.

Sie fügen zusätzlichen Text ein.

Texteingabe in Tabelle

1. Geben Sie Text ähnlich wie in der folgenden Tabelle ein. Für einen normalen Zeilenabstand drücken Sie nach jeder Zeile ⏎. Soll die nächste Zeile zum gleichen Absatz gehören, benutzen Sie ⇧ + ⏎.

Wir stellen uns vor...	
Firmenname GmbH *Firmenstraße Nummer* *Postleitzahl Ort*	
Ansprechpartner: *Telefon:*	*Herr Ansprechpartner* *01234-567890*
...oder senden Sie uns eine E-MAIL!	
Sie sind Besucher:	

2. Klicken Sie auf das Symbol ¶, damit die Absatzmarken sichtbar sind.

3. Nehmen Sie die Formatierungen analog zum Beispiel vor und speichern Sie die Änderungen.

Microsoft® FrontPage 2002 - Einführung

4. Sehen Sie sich das Ergebnis im Browser an.

Abb. 6.15: Wir stellen uns vor...

Tipp Wenn Sie die Browsergröße ändern, werden Sie feststellen, dass die Objekte der Größe der Seite ständig angepasst werden. Verwenden Sie absolute Werte für die Tabelle, wenn Sie dies nicht möchten.

Neue HTML-Seite erstellen

Sie erstellen eine neue Seite.

1. Klicken Sie auf Datei → Neu → Seite oder Web... und im Aufgabenbereich den Eintrag Seitenvorlagen...

2. Im erscheinenden Dialog wählen Sie Standardseite und klicken auf OK.

Web als Projekt

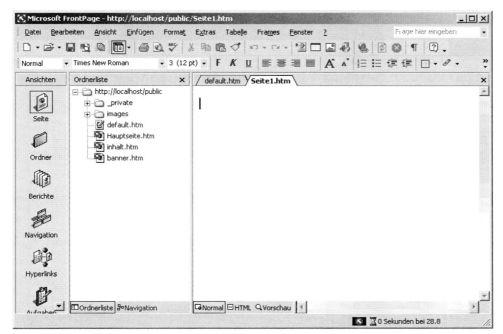

Abb. 6.16: Neue Seite

Möchten Sie das Frameset wieder bearbeiten, öffnen Sie die Datei DEFAULT.HTM. Sie können aber auch alle Dokumente einzeln bearbeiten.

Übungsaufgaben

▶ Erstellen Sie im Übungsweb eine Tabelle mit beliebiger Größe. Verändern Sie nachträglich die Anzahl der Spalten bzw. Zeilen. Verwenden Sie dafür das Tool zum Radieren und Neuzeichnen von Tabellenrändern.

▶ Erstellen Sie weitere Texte, die Sie nach Belieben formatieren.

6.2.4 Grafik

FrontPage kann alle gängigen Grafikformate laden und – wenn gewünscht – nach GIF, JPEG oder PNG konvertieren. Diese Formate werden bevorzugt im Internet verwendet. GIF wird oft für kleine Animationen verwendet und ist auf maximal 256 Farben beschränkt. JPEG ist für größere Bilder, da dieses Format eine gute Komprimierung bei geringem Qualitätsverlust aufweist. PNG ist dagegen nur für Browser ab der Versionsnummer 4.0 geeignet.

Sie fügen ein Bild ein. **Grafik einfügen**

1. Geben Sie im neuen Dokument *Hier eine Auswahl aus unserer Produktpalette:* ⏎ ein.

2. Erstellen Sie über **Tabelle** → **Einfügen** → **Tabelle** eine Tabelle mit einer Zeile und drei Spalten. Deaktivieren Sie die Rahmendarstellung der Tabelle.

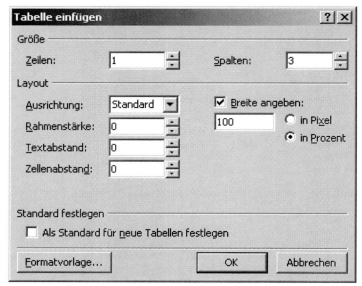

Abb. 6.17: Dialog Tabelle einfügen

3. Klicken Sie in die erste Tabellenzelle und wählen Sie aus dem Menü **Einfügen → Grafik → ClipArt…**

4. Im rechten Bereich erscheint das Fenster **Clip Art einfügen**. Geben Sie im Suchfenster den Begriff *Brote* ein und klicken Sie auf die Schaltfläche Suchen. FrontPage sucht Ihnen alle Clip Arts zum Thema Brote.

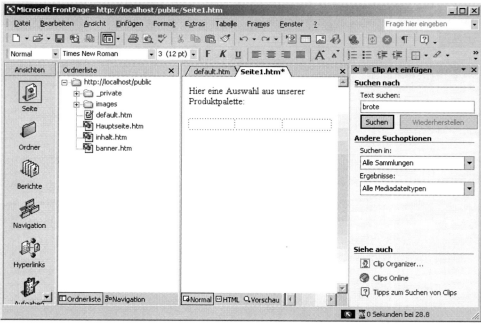

Abb. 6.18: Clip Arts suchen

5. Wählen Sie beliebige Bilder aus und fügen Sie diese in der Tabelle ein, indem Sie die Einfügemarke an der entsprechenden Position in der Tabelle platzieren und einfach auf die Grafik klicken.

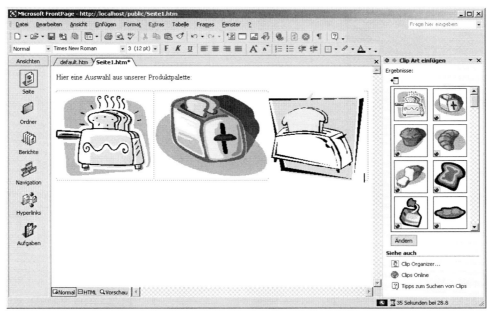

Abb. 6.19: Platzierte Toaster

6. Sollten Sie den Überblick verlieren, klicken Sie unter **Siehe auch** auf den **Clip Organizer...** Wählen Sie in der Sammlungsliste **Office Sammlungen** und browsen Sie durch die vorhandenen Kategorien. Klicken Sie auf ein Bild, sehen Sie die zugehörigen Einzelheiten wie Schlüsselbegriffe. Diese können Sie wieder über das Suchenfeld eingeben und eine andere Grafik einfügen.

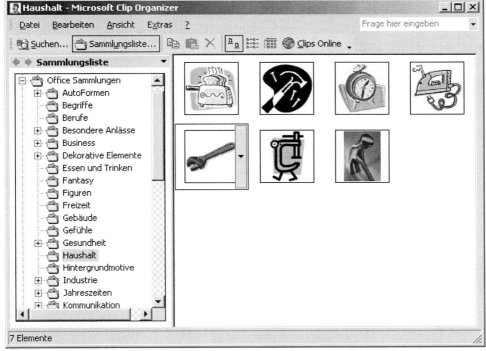

Abb. 6.20: Bild in den Office-Sammlungen des Clip Art Organizers

6.2.5 Autominiaturansicht

Sind Grafiken zu groß für ein Dokument, können Sie die Grafiken automatisch von FrontPage verkleinern lassen. Das Originalbild kann dann später im Browser durch einen Mausklick auf das verkleinerte Bild angezeigt werden.

Autominiatur anwenden

Sie verwenden die Autominiaturansicht.

1. Markieren Sie das Bild, indem Sie einmal drauf klicken. FrontPage ruft die Symbolleiste **Grafiken** auf.

Abb. 6.21: Die Symbolleiste Grafiken

2. Klicken Sie auf das Symbol .

3. Wiederholen Sie den Vorgang für die restlichen Bilder.

FrontPage verkleinert automatisch das Bild und generiert einen Hyperlink dazu. Der Hyperlink zeigt auf das Originalbild, welches unverändert bleibt. Auf welche Größe das Bild verkleinert werden soll, können Sie unter **Extras → Seitenoptionen... → Autominiaturansicht** festlegen.

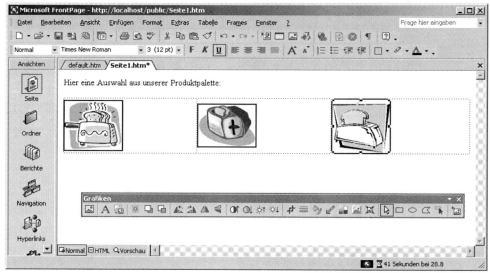

Abb. 6.22: Autominiaturansicht

4. Klicken Sie auf 🖫.

Seitentitel festlegen

5. Ändern Sie den Seitentitel, indem Sie im Dialog **Speichern unter** auf **Ändern** klicken und *Produkte* eingeben. Bestätigen Sie mit **OK**.

Web als Projekt

Abb. 6.23: Seitentitel festlegen

6. Geben Sie dem Dokument ebenfalls den Namen *Produkte* und klicken Sie auf Speichern.

Nachdem FrontPage das eigentliche Dokument gespeichert hat, werden Sie noch aufgefordert, die eingefügten Bilder zu speichern.

7. Klicken Sie auf Ordner wechseln und wählen Sie als Pfad den Ordner IMAGES aus.

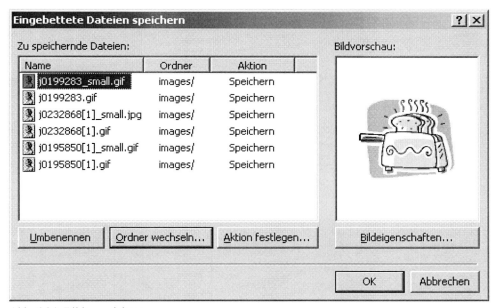

Abb. 6.24: Bilder speichern

Sie können als **Aktion festlegen**, ob das Bild im Web gespeichert werden soll. Um Probleme zu vermeiden, sollten Sie auf jeden Fall Bilder immer im Web sichern.

Tipp

An den Dateinamen können Sie erkennen, dass FrontPage von jedem Bild eine Kopie mit der Endung _SMALL erstellt hat. Das Original wird also nicht verändert.

8. Klicken Sie auf OK.

9. Sehen Sie sich das Ergebnis im Browser an.

Microsoft® FrontPage 2002 - Einführung

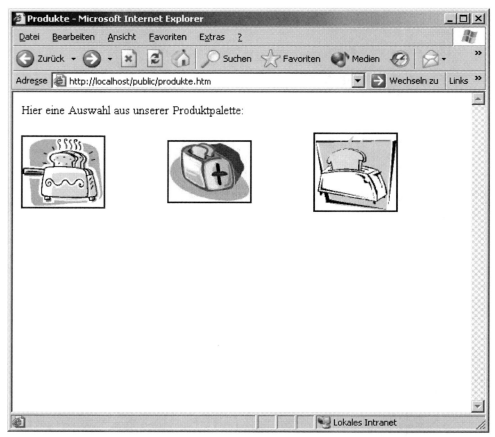

Abb. 6.25: Browservorschau

6.2.6 Formulare

Mit FrontPage haben Sie die Möglichkeit, Formulare zu erzeugen. Formulare dienen dazu, Daten eines Benutzers in bestimmten Formularfeldern zu sammeln und diese dann weiter zu verarbeiten. Im Editor erkennen Sie ein Formular an dem gestrichelten Rechteck.

Feedback-Formular einrichten

Sie erstellen ein Feedbackformular.

1. Erstellen Sie eine neue Seite mit der Vorlage **Feedbackformular** und speichern Sie die Seite unter FEEDACK.HTM mit dem Seitentitel *Feedbackformular*.

Web als Projekt

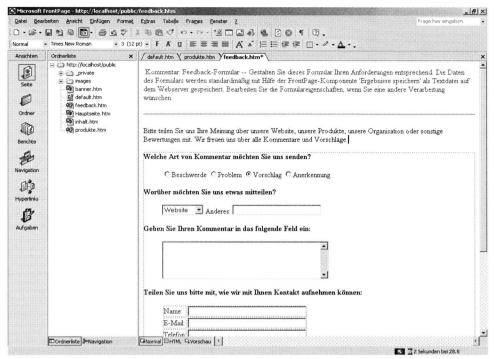

Abb. 6.26: Feedbackformular

Im oberen Bereich sehen Sie einen Kommentar. Verwenden Sie Kommentare, um zum Beispiel anderen Autoren einen Hinweis zu geben. Kommentare werden später im Browser nicht dargestellt.

2. Klicken Sie mit der rechten Maustaste in das Formular (gepunkteter Bereich) und wählen Sie aus dem Kontextmenü **Formulareigenschaften...**.

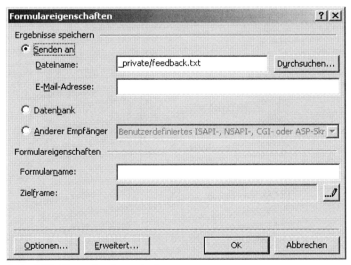

Abb. 6.27: Formulareigenschaften

Die Informationen, die Sie in dem Formular eingeben, können entweder in einer Datei gespeichert oder als E-Mail verschickt werden. Allerdings muss für das Versenden per E-Mail ein Mail-Server vorhanden sein, der dann das E-Mail entsprechend weiterleitet. In diesem Fall werden Sie sich auf das Speichern in einer Datei beschränken müssen.

Microsoft® FrontPage 2002 - Einführung

3. Klicken Sie auf Optionen und wählen Sie Gespeicherte Felder.

4. Wählen Sie ein Datumsformat aus.

Abb. 6.28: Gespeicherte Felder

Sie können angeben, welche Informationen in der Textdatei gespeichert werden sollen.

5. Beenden Sie alle Dialogboxen mit OK und speichern Sie das Dokument unter dem Namen FEEDBACK.HTM.

Übungsaufgabe
Testen Sie das Feedbackformular im Browser. Geben Sie Informationen ein und klicken Sie auf Kommentar abschicken. Sie erhalten vom Browser eine Formularbestätigung. Wechseln Sie in FrontPage in den Ordner _PRIVATE und öffnen Sie die Datei FEEDBACK.TXT. Die eingegebenen Informationen sind in dieser Datei gespeichert.

6.3 Hyperlinks

Ein Hyperlink verweist auf ein anderes Objekt, in den meisten Fällen auf eine andere HTML-Seite. Ein Hyperlink kann aber auch, wie zum Beispiel bei der Autominiaturansicht, auf Bilder oder andere Dateitypen verweisen. Ein Hyperlink kann zudem eine E-Mail-Adresse als Ziel haben.

Web als Projekt

In Ihrem Projekt haben Sie einen Inhaltsframe. Aus diesem Frame heraus sollen alle anderen Dokumente aufrufbar sein, also die standardmäßig angezeigte Hauptseite, die Feedbackseite und die Produktseite.

6.3.1 Hyperlink einfügen

Sie fügen Hyperlinks ein.   **Hyperlink einfügen**

1. Öffnen Sie die Datei INHALT.HTM und markieren Sie den Text **Homepage**.

2. Klicken Sie auf das Symbol .

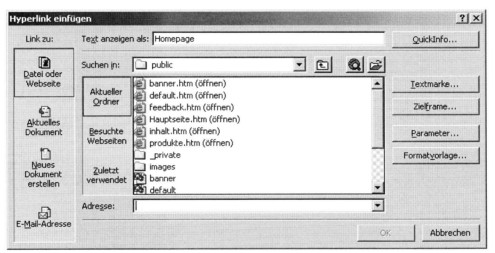

Abb. 6.29: Hyperlink erstellen

3. Wählen Sie die Datei HAUPTSEITE.HTM und klicken Sie auf OK.

4. Wiederholen Sie den Vorgang für die Texte **Produkte** und **Feedback**. Wählen Sie die entsprechenden Dokumente für die jeweiligen Links aus.

5. Speichern Sie die Änderungen.

6. Markieren Sie die Datei DEFAULT.HTM. Klicken Sie auf das Symbol .

Web als Projekt

Abb. 6.30: Das Frameset mit Hyperlinks

Wenn Sie die einzelnen Hyperlinks anklicken, wird im Hauptframe die zugeordnete HTML-Seite angezeigt. Durch die Frametechnik müssen Inhaltsverzeichnis und Firmenlogo nicht jedes Mal ebenfalls neu geladen werden.

E-Mail auf Hyperlink

Sie erstellen einen Hyperlink auf eine E-Mail-Adresse.

1. Markieren Sie in FrontPage das Wort **EMAIL** im Dokument HAUPTSEITE.HTM.

2. Klicken Sie auf das Symbol 🖳 und dann im Dialog **Hyperlink bearbeiten** auf die Schaltfläche E-Mail links unten.

3. Geben Sie unter **E-Mail-Adresse** eine E-Mail-Adresse ein, FrontPage ergänzt einige Daten automatisch. Geben Sie im **Betreff** einen Betreff an. Mit Hilfe dieses E-Mail-Links erscheint beim Benutzer in dessen E-Mail-Client (zum Beispiel Outlook) eine vordefinierte Betreffzeile.

Web als Projekt

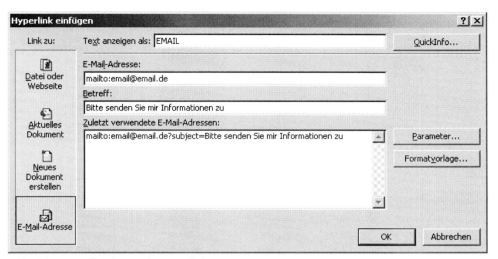

Abb. 6.31: E-Mail-Adresse als Hyperlink

4. Klicken Sie auf OK.

FrontPage erkennt, dass es sich beim Ziel nicht um ein Dokument handelt und benutzt automatisch die richtige Schreibweise für den Hyperlink.

Wenn Sie diesen Hyperlink im Browser testen, startet automatisch der installierte E-Mail-Client. Die Empfängeradresse wird ebenfalls automatisch eingetragen.

6.3.2 Hyperlinkaktualisierung

Wenn Sie ein Dokument umbenennen oder verschieben, müssten normalerweise alle darauf zeigende Hyperlinks aktualisiert werden, was eine mühselige Arbeit ist, wenn man sie manuell durchführen muss. FrontPage erkennt solche Konflikte und aktualisiert automatisch alle auf das Dokument verweisende Hyperlinks.

Sie verschieben ein Dokument. **Dokument verschieben**

1. Klicken Sie mit der rechten Maustaste auf den Ordner HTTP://LOCALHOST/PUBLIC in der Ordnerliste und wählen Sie Neuer Ordner.

2. Vergeben Sie einen beliebigen Namen.

3. Klicken Sie die Datei INHALT.HTM an und ziehen Sie es bei gedrückter linker Maustaste auf den neu erstellten Ordner.

Web als Projekt

Abb. 6.32: Datei verschieben

4. Machen Sie die Änderung rückgängig und entfernen Sie den Ordner wieder.

FrontPage aktualisiert automatisch alle Verweise auf dieses Dokument.

Dokument umbenennen Sie nennen eine HTML-Seite um.

1. Markieren Sie die Datei PRODUKTE.HTM und drücken Sie [F2].

2. Vergeben Sie einen anderen Namen und drücken Sie [↵]. Beachten Sie dabei, dass Sie die Datei mit der Endung.HTM speichern müssen, sonst kann sie nicht mehr vom Browser interpretiert werden.

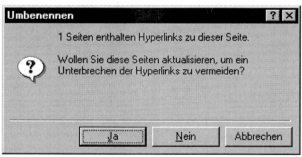

Abb. 6.33: Dokument umbenennen

3. Klicken Sie auf [Ja].

6.4 Aktive Inhalte

Bis jetzt haben Sie ausschließlich HTML-Standardkomponenten verwendet. Allerdings bietet FrontPage mehrere aktive Funktionen an, die zum Teil durch entsprechende Skripts beziehungsweise den FrontPage Server Extensions zur Verfügung stehen.

6.4.1 Zugriffszähler

Mit dem Zugriffszähler ist es möglich zu erfassen, wie viele Benutzer ein Dokument schon besucht haben.

Web als Projekt

Sie fügen einen Zugriffszähler ein.

Zugriffszähler einfügen

1. Öffnen Sie das Dokument DEFAULT.HTM und positionieren Sie den Cursor am Ende des Textes Sie sind Besucher:.

2. Wählen Sie Einfügen → Webkomponente und im erscheinenden Dialog Webkomponente einfügen Zugriffszähler.

Abb. 6.34: Zugriffszähler

3. Wählen Sie eine entsprechende Darstellung für den Zähler.

4. Klicken Sie auf Fertig stellen. Es erscheint der Dialog Eigenschaften des Zugriffszählers.

Abb. 6.35: Dialog Zugriffszähler

Microsoft® FrontPage 2002 - Einführung

Web als Projekt

5. Aktivieren Sie die Option Feste Ziffernanzahl.

6. Klicken Sie auf OK.

Der Zugriffszähler wird in das Dokument eingefügt und mit [Zugriffszähler] angedeutet.

7. Speichern Sie das Dokument und schauen Sie es sich im Browser an. Sobald Sie das Dokument aktualisieren, erhöht sich der Zähler automatisch.

Abb. 6.36: Der Zugriffszähler

6.4.2 Suchformular

Über Suchformulare können Sie das gesamte Web nach bestimmten Inhalten durchsuchen. Diese Funktion wird von den FrontPage Server Extensions zur Verfügung gestellt.

Wenn auf dem Webserver die FrontPage-Servererweiterungen oder SharePoint Team Services von Microsoft ausgeführt werden, erstellt FrontPage automatisch einen Textindex. Dieser basiert auf den Wörtern, die auf allen Seiten der Webseite enthalten sind. Falls ein Besucher ein Suchformular übermittelt, zeigt FrontPage nach Überprüfung des Textindexes eine gewichtete Liste mit Hyperlinks zu den Seiten an, die den Suchtext enthalten.

Sie erstellen ein Suchformular.

Suchformular erstellen

1. Erstellen Sie ein neues Dokument über das Symbol ▢.

2. Wählen Sie Einfügen → Webkomponente.

3. Im erscheinenden Dialog Webkomponente einfügen wählen Sie Websuche und klicken auf Fertig stellen. Der Dialog Suchformulareigenschaften öffnet sich.

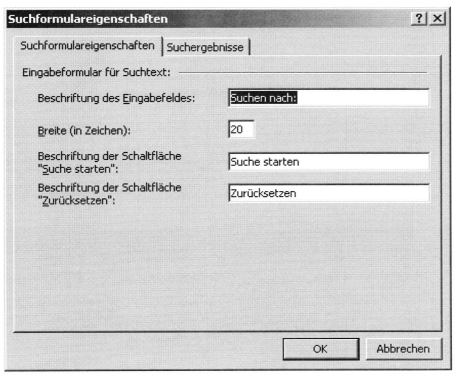

Abb. 6.37: Suchformular einfügen

4. Klicken Sie auf OK.

5. Speichern Sie die HTML-Seite als SUCHEN.HTM.

Übungsaufgabe
Erstellen Sie im Dokument INHALT.HTM einen weiteren Hyperlink auf die eben erstellte Seite SUCHEN.HTM.

6.4.3 Hoverschaltfläche

Verwenden Sie die Hoverschaltfläche, um einen Hyperlink optisch aufzubessern. Die Schaltfläche kann mit verschiedenen Effekten und Farben dargestellt werden.

Web als Projekt

Hover-schaltfläche einfügen

Sie fügen eine Hoverschaltfläche ein.

1. Markieren Sie den Text **Homepage** im Dokument INHALT.HTM.

2. Wählen Sie Einfügen → Webkomponente. Im erscheinenden Dialog **Webkomponente einfügen** wählen Sie **Dynamische Effekte** und **Hoverschaltfläche**.

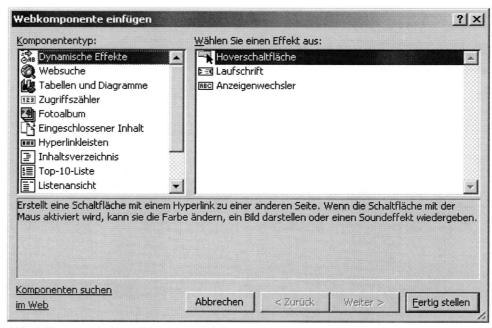

Abb. 6.38: Dynamischer Effekt Hoverschaltfläche

3. Klicken Sie auf Fertig stellen.

4. Im erscheinenden Dialog Hoverschaltflächen-Eigenschaften geben Sie unter **Schaltflächentext** *Homepage* ein.

Abb. 6.39: Hoverschaltfläche einrichten

5. Klicken Sie auf Durchsuchen...

6. Wählen Sie im Dialog **Hyperlink für Hoverschaltfläche wählen** das Dokument HAUPTSEITE.HTM und klicken Sie auf OK.

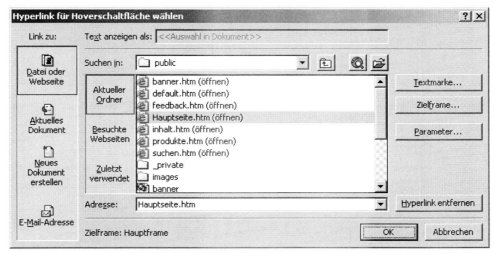

Abb. 6.40: Hyperlink festlegen

7. Wollen Sie den Zielframe ändern, klicken Sie auf die Schaltfläche Zielframe...

8. Geben Sie unter **Zieleinstellung** *Hauptframe* ein.

Abb. 6.41: Zielframe ändern

9. Bestätigen Sie alle Dialoge mit OK.

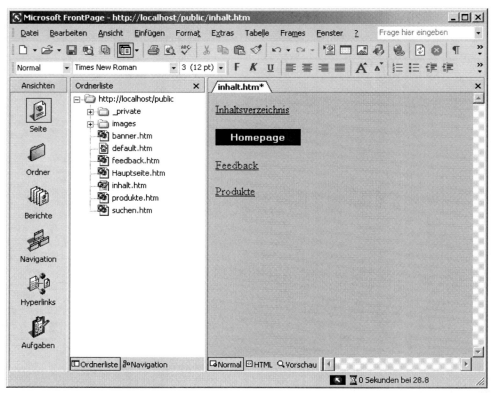

Abb. 6.42: Eingefügte Hoverschaltfläche

6.4.4 Dynamic HTML-Effekte

Dynamic HTML (DHTML) ist eine Erweiterung von HTML. Die Erweiterung bietet eine Reihe von Spezialeffekten, mit denen man zum Beispiel Objekte in die Seite hinein fliegen lassen kann. Beachten Sie, dass nicht jeder Browser diese Erweiterung unterstützt. Eine genaue Liste der DHTML unterstützenden Browser finden Sie in der FrontPage-Hilfe.

DHTML einsetzen Sie verwenden einen DHTML-Effekt.

1. Fügen Sie in der HTML-Seite HAUPTSEITE.HTM nach dem Text **Wir stellen uns vor...** ein weiteres Bild aus der ClipArt-Gallery ein. Verkleinern Sie das Bild ein wenig, damit es problemlos in die Seite passt.

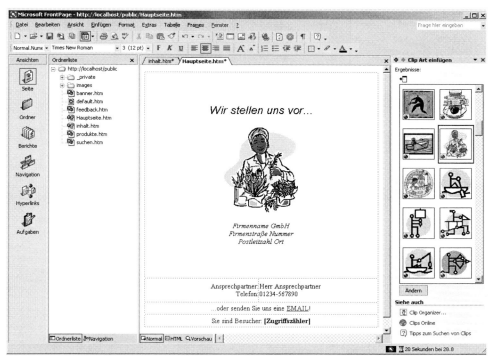

Abb. 6.43: Eingefügtes Bild

2. Klicken Sie auf **Ansicht** → **Symbolleisten** → **DHTML-Effekte**.

3. Markieren Sie das Bild.

4. Wählen Sie als Ereignis **Laden der Seite** und zum Beispiel den Effekt **Spirale**.

Abb. 6.44: Der eingestellte DHTML-Effekt

5. Speichern Sie die HTML-Seite und schauen Sie sich das Ergebnis im Browser an.

Übungsaufgaben

▶ Geben Sie im Übungsweb in einem Dokument einen beliebigen Text ein. Markieren Sie den Text. Verwenden Sie für den Text die folgenden DHTML- Einstellungen: **Ein** *Klicken*, **übernehmen** *Formatierung* und *Schriftart wählen*. In der folgenden Dialogbox geben Sie eine beliebige Textformatierung an. Sehen Sie sich den Effekt im Browser an. Klicken Sie dafür einmal auf den entsprechenden Text.

▶ Geben Sie einen weiteren Text ein. Verwenden Sie als Ereignis **MouseOver** und eine beliebige Formatierung. Sehen Sie sich den Effekt im Browser an.

▶ Weisen Sie dem eingefügten ClipArt andere Effekte zu.

Web als Projekt

6.5 Datenbank

FrontPage bietet einen leistungsfähigen Assistenten, mit dem Sie Datenbankabfragen und die Ausgabe der Ergebnisse gestalten können. Das dafür generierte Skript wird in einer so genannten Active Server Page (ASP) gespeichert. Beachten Sie, dass die Arbeit mit ASP-Seiten nur auf Webservern funktioniert, die entsprechende Einstellungen bieten.

In der ersten projektbezogenen Übung geben Sie alle Datenbanksätze aus. In der zweiten Übung geben Sie die Suchkriterien über ein entsprechendes Suchformular ein.

6.5.1 Daten auslesen

Datenbankabfrage erstellen

Sie erstellen eine Datenbankabfrage.

1. Erstellen Sie über das Symbol ▯ eine neue HTML-Seite.

2. Wählen Sie Einfügen → Datenbank → Ergebnisse...

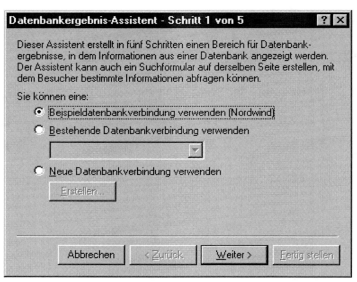

Abb. 6.45: Datenbankverbindung auswählen

3. Wählen Sie die Beispieldatenbank Nordwind und klicken Sie auf Weiter >.

FrontPage legt den Ordner FPDB in Ihrem Web an. In diesem Ordner befindet sich die Datenbank NORDWIND.MDB.

Web als Projekt

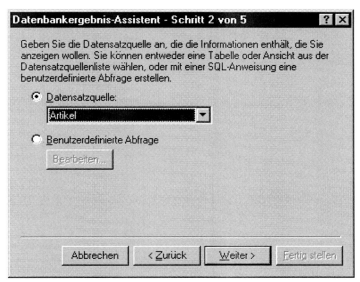

Abb. 6.46: Datensatzquelle wählen

4. Sie sehen die verfügbaren Datensatzquellen. Wählen Sie **Artikel** und klicken Sie auf Weiter >.

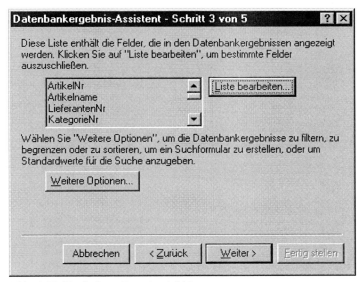

Abb. 6.47: Verfügbare Datenbankfelder

5. Sie können eine Auswahl der entsprechenden Datenbankfelder treffen, die als Ergebnis einer Abfrage angezeigt werden sollen. Klicken Sie ohne Veränderung auf Weiter >.

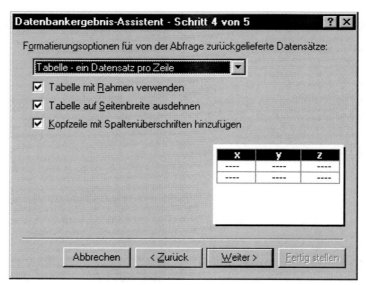

Abb. 6.48: Formatierungsoptionen

6. Wählen Sie für die Formatierungen der Ausgabe **Tabelle – ein Datensatz pro Zeile** und klicken Sie auf Weiter >.

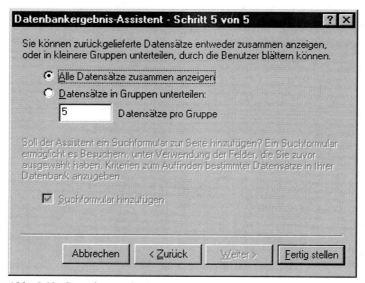

Abb. 6.49: Gruppierung der Datensätze

7. Aktivieren Sie die Option **Alle Datensätze zusammen anzeigen** und klicken Sie auf Fertig stellen.

8. Speichern Sie die ASP-Seite unter *ALLEDATEN.ASP*.

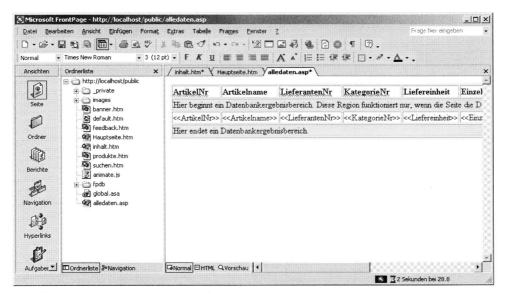

Abb. 6.50: ASP-Datei zur Datenbankabfrage

Die Tabelle sieht etwas abstrakt aus, nimmt aber Form an, sobald die Abfrage im Browser ausgeführt wird.

9. Erstellen Sie einen zusätzlichen Hyperlink in der Datei INHALT.HTM auf ALLEDATEN.ASP und speichern Sie das Dokument. Verwenden Sie entweder einen Texthyperlink oder eine Hoverschaltfläche.

Denken Sie bei der Verwendung einer Hoverschaltfläche daran, den Zielframe auf HAUPTFRAME einzustellen.

10. Markieren Sie die Datei DEFAULT.HTM und klicken Sie auf .

11. Klicken Sie auf den zuvor erstellten Hyperlink.

Abb. 6.51: Datenbankausgabe

Web als Projekt

6.5.2 Suchformular verwenden

In der letzten projektbezogenen Übung wurden alle Datensätze und alle Datenbankfelder ausgegeben. Sie werden in der nächsten Übung ein Suchformular verwenden, mit dem Sie nach speziellen Informationen in der Datenbank suchen können. Die ausgegebenen Felder werden Sie begrenzen.

Suchformular verwenden Sie verwenden ein Suchformular.

1. Erstellen Sie eine neue HTML-Seite.

2. Wählen Sie Einfügen → Datenbank → Ergebnisse...

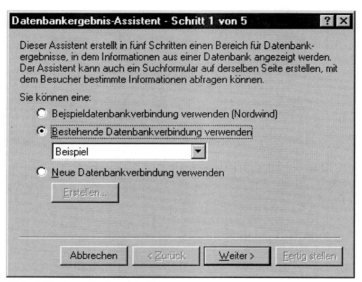

Abb. 6.52: Datenbankverbindung

3. Sie verwenden die schon vorhandene Datenbankverbindung. Klicken Sie auf Weiter >.

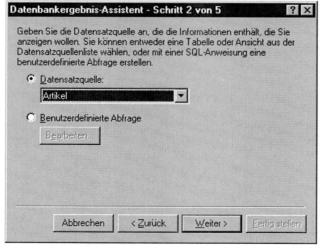

Abb. 6.53: Datensatzquelle

4. Die Datensatzquelle bleibt unverändert. Klicken Sie auf Weiter >.

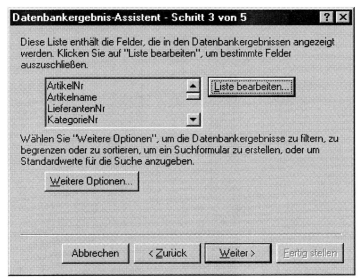

Abb. 6.54: Datensatzfelder auswählen

5. Es sollen in der Darstellung nicht alle Datensatzfelder angezeigt werden. Klicken Sie auf Liste bearbeiten...

6. Nur die Felder **ArtikelNr**, **Artikelname**, **Liefereinheit** und **Einzelpreis** sollen angezeigt werden. Entfernen Sie alle anderen mit Entfernen.

Abb. 6.55: Anzuzeigende Felder

7. Klicken Sie auf OK.

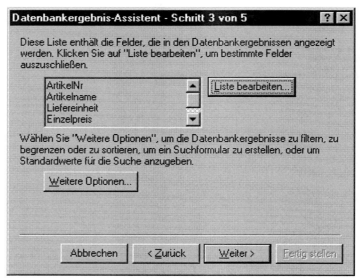

Abb. 6.56: Nur noch vier Datensatzfelder...

8. Klicken Sie auf Weitere Optionen....

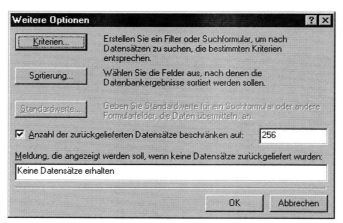

Abb. 6.57: Weitere Optionen

9. Klicken Sie auf Kriterien....

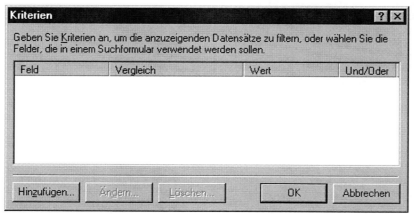

Abb. 6.58: Kriterien hinzufügen

10. Klicken Sie auf Hinzufügen...

11. Sie können festlegen, welche Kriterien zutreffen müssen. Wählen Sie unter Und/Oder den Wert Oder aus.

Abb. 6.59: Kriterienauswahl

12. Klicken Sie auf OK und wiederholen Sie den Vorgang für den Feldnamen Artikelname.

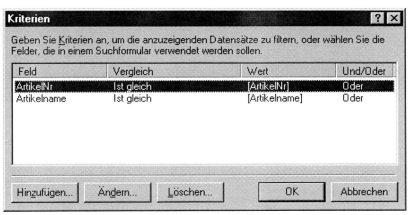

Abb. 6.60: Alle Kriterien auf einen Blick

13. Klicken Sie auf OK.

14. Klicken Sie auf Standardwerte.

15. Wählen Sie ArtikelNr und klicken Sie auf Bearbeiten

16. Geben Sie *0* ein und klicken Sie auf OK.

17. Beenden Sie alle Dialoge mit OK, bis Sie wieder bei Schritt 3 des Assistenten sind.

18. Klicken Sie auf Weiter >.

19. Wählen Sie für die Formatierung **Liste – ein Feld pro Element** und als **Listenoptionen** den Wert **Tabelle**.

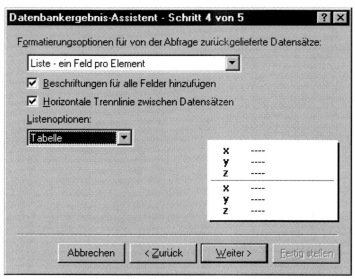

Abb. 6.61: Formatierungsoptionen

20. Klicken Sie auf Weiter >.

21. Im letzten Schritt wird nichts verändert. Klicken Sie auf Fertig stellen.

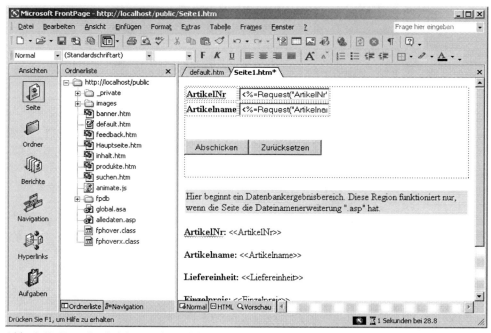

Abb. 6.62: Datenbankabfrage mit Suchformular

22. Speichern Sie die Seite unter *DATENSUCHEN.ASP* und erstellen sie einen Hyperlink in der Datei INHALT.HTM.

23. Markieren Sie die Datei DEFAULT.HTM und klicken Sie auf.

24. Klicken Sie auf den neuen Hyperlink und geben Sie unter **ArtikelNr** *1* ein.

25. Klicken Sie auf Anfrage senden.

Abb. 6.63: Abfrage mit Suchformular

Sie können verschiedene Werte als ArtikelNr und/oder Artikelname angeben und in der Datenbank suchen lassen.

Sie haben ein relativ einfaches Beispiel einer Datenbankabfrage kennen gelernt. Es ist ebenfalls möglich, über ein Formular Daten in eine Datenbank einzufügen oder zu löschen. Allerdings ist dafür kein Assistent vorhanden und man benötigt SQL-Kenntnisse.

Zusammenfassung

▶ Frames verbessern die Übersicht einer Web-Seite. Über die Aufteilung der Seite mit Frames kann man Web-Inhalte viel besser beständig darstellen lassen. Jedem Frame wird eine eigene HTM-Datei zugeordnet, die jeweils einzeln bearbeitbar ist. Die Aufteilung in Frames wird im sogenannten Frameset gespeichert.

▶ Über den Dialog **Frameeigenschaften**, der aus dem Kontextmenü des jeweiligen Frames aufgerufen werden kann, können Sie die Breite und Höhe sowie andere Eigenschaften des Frames, wie anzeigbare Bildlaufleisten et cetera verändern.

Web als Projekt

- Über den Dialog **Seiteneigenschaften**, der ebenfalls über das Kontextmenü eines Frames aufrufbar ist, bestimmen Sie beispielsweise die Hintergrundeigenschaften und Ränder des Frames. Dabei muss unbedingt ein Zielframe angegeben werden, damit der Browser das anzuzeigende Dokument einem Zielort zuordnen kann.

- Texteingaben oder –änderungen nehmen Sie vor, indem Sie in den jeweiligen Frame klicken und den Text eingeben. Ausrichtung, Größe oder Farbe können Sie über die Symbolleiste **Standard** definieren, die frei positionierbar ist. Bevor Sie sich das Dokument über **Datei → Vorschau im Browser...** anzeigen lassen, speichern Sie das gesamte Frameset oder den einzelnen geänderten Frame.

- Mit Tabellen können Sie Objekte genauer positionieren. Über den Dialog **Tabelleneigenschaften** können Sie die Breite und Höhe der Tabelle sowie Text- oder Zeilenabstände und weitere Eigenschaften, wie beispielsweise die Stärke und Farbe des Tabellenrahmens, bestimmen.

- Grafiken können Sie über **Extras → Seitenoptionen... → Autominiaturansicht** in der Größe verändern.

- Daten können Sie mit Hilfe von Formularen verarbeiten, in diesem Fall in einem Feedback-Formular. Ergebnisse werden in einer Datei gespeichert, die Sie im Dialog **Formulareigenschaften** definieren können.

- Hyperlinks verweisen auf andere HTML-Dateien, Bilder oder andere Dateitypen. So kann ein Hyperlink auch auf eine E-Mail-Adresse verweisen.

- Über den aktiven Inhalt **Zugriffszähler** können Sie Besucherzahlen anzeigen lassen.

- DHTML-Effekte werten die Seite auf. Nicht jeder Effekt ist allerdings in jedem Browser zu sehen. DHTML-Effekte sind leicht über die Symbolleiste **DHTML-Effekte** einzurichten.

- Über **Einfügen → Datenbank → Ergebnisse...** erreichen Sie den Datenbank-Assistenten, über den Sie eine Datenbankabfrage einrichten können. Das generierte Skript wird in einer Active Server Page (ASP) gespeichert, die allerdings nur von speziell darauf angelegten Webservern verarbeitet werden kann.

Testaufgaben

▶ Frage 1: Muss HTML-Code editiert werden, um ein Frameset zu erstellen?

    A. Nein

    B. Ja

▶ Frage 2: Welche HTML-Seite muss im Browser angezeigt werden, damit ein Frameset dargestellt wird?

    A. Eine Startseite des Framesets genügt

    B. Die HTML-Seite, die das Frameset beinhaltet

    C. DEFAULT.HTM

▶ Frage 3: Kann FrontPage Grafiken nach GIF oder JPEG konvertieren?

    A. Nein

    B. Ja

▶ Frage 4: Ist es möglich, Inhalte eines Formulars via E-Mail zu versenden?

    A. Ja

    B. Nein

▶ Frage 5: Was ist ein Zielframe?

    A. Eine zusätzliche Information für einen Hyperlink, die den Namen des Frames angibt, in dem das anzuzeigende Dokument dargestellt wird.

    B. Der Zielframe ist der erste Frame, der angezeigt wird.

    C. Dieser Frame beinhaltet alle weiteren Frames eines Framesets.

▶ Frage 6: Hoverschaltflächen greifen auf den Standardzielframe zurück?

    A. Stimmt nicht

    B. Stimmt

Web als Projekt

- Frage 7: DHTML-Effekte sind mit allen verfügbaren Browsern lauffähig?

    A. Falsch

    B. Richtig

- Frage 8: Welche Technik verwendet FrontPage, um Datenbanken auszulesen?

    A. Active Server Pages

    B. DHTML

    C. SQL

- Frage 9: Muss oder kann man ein Suchformular verwenden?

    A. Man muss.

    B. Man kann.

7 Der Skript-Editor

Ziele dieses Kapitels

- Sie lernen den Skript-Editor kennen.

- Sie arbeiten mit Events und Objekten.

- Sie erstellen ein Skript.

Der Microsoft Skript-Editor ist ein hervorragendes Tool zur nachträglichen Bearbeitung von HTML-Seiten. Sie können mehr Leben in das Dokument bringen, indem Sie zum Beispiel Vorteile von DHTML nutzen.

Bitte beachten Sie, dass die Ergebnisse des Skript-Editors mit seinen Funktionalitäten vor allem auf die Zusammenarbeit von Office-Applikationen in einer Microsoft Windows Umgebung ausgerichtet sind. Die nachfolgenden Vorgehensweisen geben Ihnen einen ersten Einblick in die objektorientierte Programmierung – diese Lösungen lassen sich problemlos mit dem Internet Explorer anzeigen und eignet sich so vor allem in Intranets.

In diesem Kapitel lernen Sie, wie Sie die Eigenschaften von Objekten ändern, sobald sich die Maus innerhalb des Objektbereichs befindet.

7.1 Objekt Identifier zuweisen

Objekt ID Damit Sie später in einem Skript auf ein Objekt zugreifen können, benötigen Sie einen Identifier oder kurz ID. Sie weisen immer einen eindeutigen Name zu. Danach stehen Ihnen verschiedene Funktionen zur Verfügung, die direkt das Objekt, zum Beispiel einen Text, beeinflussen.

Ein Beispiel wäre:

```
ID.color="Red"
```

Gibt man dem Objekt den Namen (ID) PRODUKTE, sieht das Beispiel so aus:

```
PRODUKTE.color="Red"
```

Im Folgenden weisen Sie mit FrontPage einigen Objekten eine ID zu.

7.1.1 HTML-Ansicht

In der HTML-Ansicht können Sie direkten Einfluss auf den eigentlichen HTML-Code nehmen, um zum Beispiel eine ID einzufügen. Einem Text kann nicht direkt eine ID zugewiesen werden. Sie benötigen dazu einen HTML-Befehl, der diese Eigenschaft zur Verfügung stellt, zum Beispiel:

```
<Font>Hier steht der eigentliche Text</Font>
```

Der Befehl <Font> ermöglicht, das Erscheinungsbild des eingeschlossenen Texts zu verändern.

Der Skript-Editor

Sie verwenden die HTML-Ansicht.

HTML-Ansicht verwenden

1. Öffnen Sie in FrontPage die Datei INHALT.HTM.

2. Markieren Sie den Text **Produkte**.

3. Wechseln Sie mit HTML in die HTML-Ansicht.

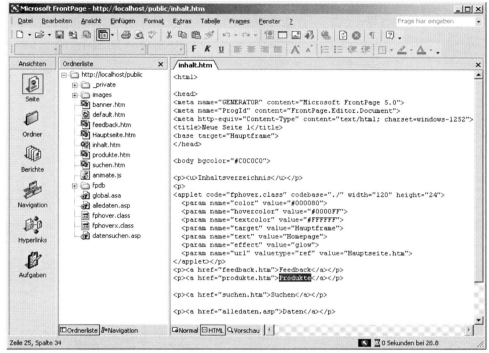

Abb. 7.1: Die HTML-Ansicht

FrontPage markiert automatisch den entsprechenden HTML-Bereich, der mit dem markierten Objekt in der Normalansicht korrespondiert.

Die folgenden Zeilen stellen die drei Text-Hyperlinks **Produkte**, **Feedback** und **Suchen** dar:

```
<p><a href="produkte.htm">Produkte</a></p>

<p><a href="suchen.htm">Suchen</a></p>

<p><a href="alledaten.asp">Daten</a></p>
```

Sie weisen den Hyperlinks den Font-Tag zu:

Font zuweisen

1. Wechseln Sie mit Normal in die Normalansicht.

Der Skript-Editor

2. Markieren Sie den Text **Produkte** und klicken Sie in der Symbolleiste auf das Listenfeld **Schriftgrad**.

Abb. 7.2: Ausgeklapptes Listenfeld Schriftgrad

3. Wählen Sie **2 (10pt)**. Sie haben damit die Fontgröße festgelegt.

4. Wiederholen Sie diesen Schritt für die Hyperlinks **Feedback** und **Suchen**.

5. Wechseln Sie in die HTML-Ansicht.

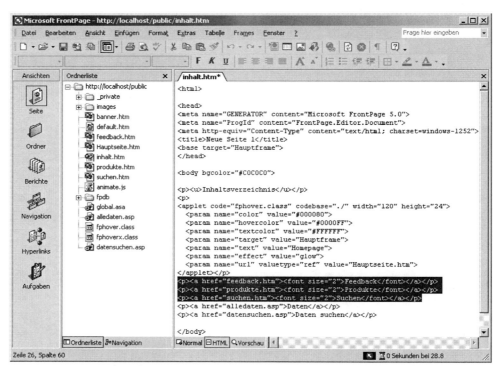

Abb. 7.3: Font-Tag eingefügt

FrontPage hat für Sie die entsprechenden Font-Tags eingefügt. Der HTML-Code sollte nun ungefähr so aussehen:

```
<p><a href="feedback.htm"><font size="2">Feedback</font></a></p>

<p><a href="produkte.htm"><font size="2">Produkte</font></a></p>

<p><a href="suchen.htm"><font size="2">Suchen</font></a></p>
```

Der Skript-Editor

In der Browseransicht sehen Sie, dass sich die Größe des Textes verändert hat – der Browser stellt den Text kleiner dar.

Sie weisen den Hyperlinks eine ID zu:

Objekt-ID zuweisen

1. Ändern Sie den HTML-Code wie folgt ab:

```
<a href="prdukte2.htm"><font ID="Produkte"
size="3">Produkte<br></font></a>

<a href="Feedback.htm"><font ID="Feedback"
size="3">Feedback<br></font></a>

<a href="suchen.htm"><font ID="Suchen" size="3">Suchen</font></a>
```

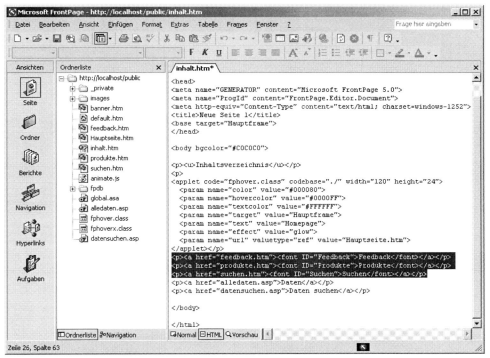

Abb. 7.4: ID-Tag

2. Speichern Sie das Dokument.

Wenn Sie sich die Seite im Browser ansehen, werden Sie nun keinen Unterschied mehr feststellen, der Text hat wieder die „normale" Größe. Allerdings haben Sie nun die Möglichkeit, über die IDs Produkte, Feedback und Suchen die Eigenschaften der entsprechenden Hyperlinks zu ändern.

Microsoft® FrontPage 2002 - Einführung

Der Skript-Editor

7.2 Skript-Editor starten

Wenn Sie den Skript-Editor aus FrontPage heraus starten, wird automatisch das aktive Dokument geöffnet. Schalten Sie vom Skript-Editor zurück zu FrontPage und nehmen Sie dort Änderungen im Dokument vor, erscheinen diese sofort im Skript-Editor. Es kann also nicht passieren, dass Sie zwei unterschiedliche Versionen des gleichen Dokuments bekommen.

Skript-Editor starten Sie starten den Skript-Editor.

1. Wählen Sie **Extras** → **Makro** → **Microsoft Skript-Editor** oder drücken Sie [Strg] + [Alt] + [F11].

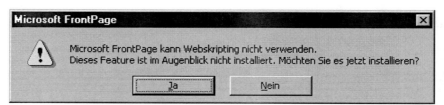
Abb. 7.5: Installation des Skript-Editors

Sollte der Skript-Editor noch nicht installiert sein, verweist FrontPage auf die durchzuführende Installation.

2. Klicken Sie auf [Ja].

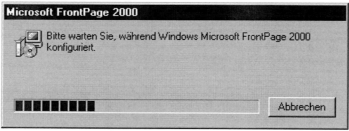
Abb. 7.6: Installation des Skript-Editors

3. Ist die Installation beendet, wird der Skript-Editor automatisch gestartet.

Der Skript-Editor

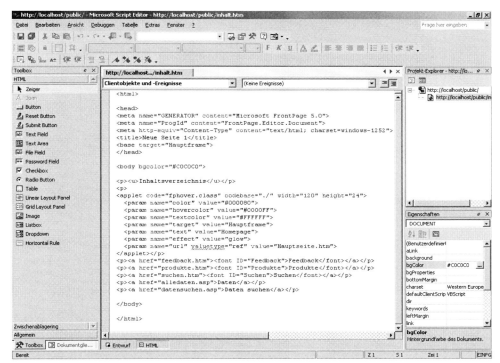

Abb. 7.7: Der Skript-Editor

Der Skript-Editor ist äußerst umfangreich, da er auf dem in Microsoft Visual InterDev integrierten Editor basiert. Wir gehen hier aber nur auf die Funktionen und Ansichten ein, die für diese projektbezogene Übung notwendig sind.

Auf der rechten Seite befindet sich das Fenster **Eigenschaften**. In diesem Fenster sehen Sie alle Eigenschaften des momentan markierten Objekts. Diese Eigenschaften können Sie ändern. Auf der linken Seite sehen Sie standardmäßig das Fenster **Toolbox**. In diesem Bereich können Sie verschiedene Objekte per Drag&Drop in den HTML-Code einfügen.

7.2.1 Objektereignisse

Jedes Objekt hat so genannte Ereignisse oder Events. Ein Event tritt zum Beispiel ein, wenn sich der Mauszeiger auf diesem Objekt befindet. Dieser Event hat den Namen OnMouseOver. Tritt dieser Event ein, können Sie mit einem Skript darauf reagieren. Es gibt eine ganze Reihe von Events, die ein Objekt besitzen kann.

In dieser Übung werden Sie die folgenden verwenden:

- OnMouseOver – dieser Event tritt ein, wenn sich der Mauszeiger auf dem entsprechenden Objekt befindet.

- OnMouseOut – dieser Event tritt ein, wenn die Maus den Objektbereich verlässt oder sich nicht dort befindet.

7.2.2 Skriptgliederung

Der Skript-Editor zeigt Ihnen in der Skriptgliederung die verfügbaren Events aller Objekte, die eine eindeutige ID besitzen, an.

Skript-gliederung aktivieren

Sie aktivieren die Skriptgliederung.

1. Klicken Sie im Skript-Editor auf die Schaltfläche Dokumentgliederung.

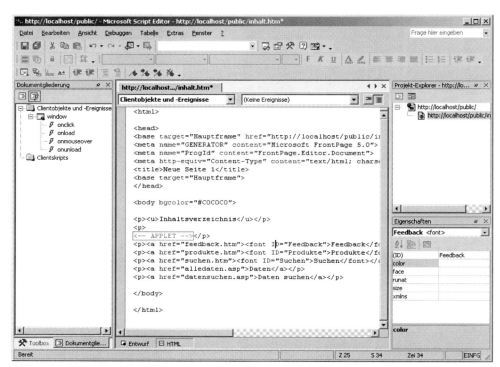

Abb. 7.8: Die Skriptgliederung

2. Falls noch nicht geöffnet, klicken Sie auf Client Objekte und Ereignisse.

Sie sehen dort den standardmäßigen Eintrag window. Zusätzlich erscheinen die bereits angelegten Objekte mit den IDs Feedback, Produkte und Suchen. Diese IDs repräsentieren den <FONT>-Tag der entsprechenden Text-Hyperlinks. Sollten Sie nicht vorhanden sein, können Sie die entsprechende Lösung selbst programmieren.

7.2.3 Skript einem Ereignis zuordnen

Sie können einem Event ein entsprechendes Skript zuordnen. Dieses Skript wird jedes Mal ausgeführt, wenn der Event eintritt. Das passiert in diesem Fall genau dann, wenn die Maus sich im Objektbereich befindet und wenn sie ihn wieder verlässt. Sie können somit das Erscheinungsbild eines Objekts dann ändern, wenn der Benutzer die Maus auf dieses Objekt bewegt.

Der Skript-Editor

Sie ordnen einem Event ein Skript zu.

Skript-Zuordnung

1. Doppelklicken Sie auf **Feedback**, (oder auf **window**, falls **Feedback** nicht angezeigt wird) damit Sie alle Ereignisse angezeigt bekommen. Oder klicken Sie einmal auf das Kreuz.

2. Doppelklicken Sie auf **onmouseover**.

3. Passen Sie gegebenenfalls den Quellcode an, so dass die erste Zeile mit Sub **feedback_onmouseover** beginnt. Ersetzten Sie gegebenenfalls die window-ID durch feedback.

4. Geben Sie an im Sub-Bereich folgenden Zeilen ein:

```
Feedback.color="#FF0000"

Feedback.style.letterSpacing="3"
```

```
<html>

<head>
<base target="Hauptframe" href="http://localhost/public/i1
<meta name="GENERATOR" content="Microsoft FrontPage 5.0">
<meta name="ProgId" content="FrontPage.Editor.Document">
<meta http-equiv="Content-Type" content="text/html; charse
<title>Neue Seite 1</title>
<base target="Hauptframe">
<script id=clientEventHandlersVBS language=vbscript>
<!--

Sub Feedback_onmouseover
    Feedback.color="#ff0000"
    Feedback.style.letterSpacing="3"
End Sub

-->
</script>
</head>

<body bgcolor="#C0C0C0">

<p><u>Inhaltsverzeichnis</u></p>
<p>
<applet code="fphover.class" codebase="./" width="120" he
    <param name="color" value="#000080">
```

Abb. 7 9: So sollte Ihr HTML-Text aussehen

5. Kopieren Sie den Bereich Sub bis End Sub und fügen Sie den neuen Block direkt wieder ein.

6. Ändern Sie den Inhalt in die folgenden Zeilen:

Der Skript-Editor

```
Sub Feedback_onclick

    Feedback.color="#0000FF"

    Feedback.style.letterSpacing="0"
```

```html
<html>

<head>
<base target="Hauptframe" href="http://localhost/public/i
<meta name="GENERATOR" content="Microsoft FrontPage 5.0">
<meta name="ProgId" content="FrontPage.Editor.Document">
<meta http-equiv="Content-Type" content="text/html; charse
<title>Neue Seite 1</title>
<base target="Hauptframe">
<script id=clientEventHandlersVBS language=vbscript>
<!--

Sub Feedback_onmouseover
    Feedback.color="#ff0000"
    Feedback.style.letterSpacing="3"
End Sub

Sub Feedback_onclick
    Feedback.color="#0000ff"
    Feedback.style.letterSpacing="0"
End Sub

-->
</script>
</head>

<body bgcolor="#C0C0C0">
```

Abb. 7.10: Das eingefügte Skript

7. Speichern Sie das Dokument mit dem Symbol 🖫.

8. Schließen Sie den Skript-Editor über **Datei → Beenden**.

9. Markieren Sie in FrontPage die Datei DEFAULT.HTM und klicken Sie auf 🔍. Der Browser zeigt das geänderte Dokument im Inhaltsframe an.

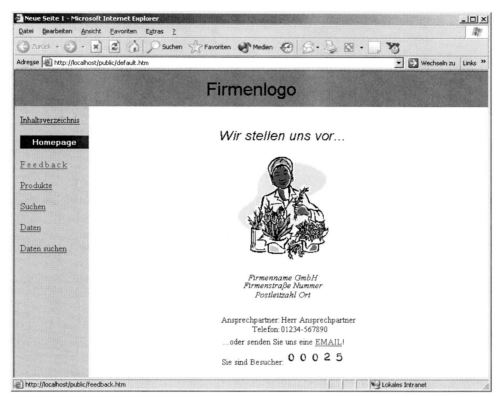

Abb. 7.11: Das geänderte Dokument

Wenn Sie nun mit der Maus auf den Hyperlink **Feedback** gehen, ändert der Hyperlink die Farbe und den Abstand zwischen den einzelnen Buchstaben. Klicken Sie auf den Hyperlink, wird er wieder wie vorher dargestellt.

7.2.4 Das Skript im Detail

Sie haben nun in mehreren Schritten dem Hyperlink **Feedback** den Identifier (ID) **Feedback** zugeordnet. Sie hätten auch jeden anderen Namen verwenden können. Die Information ist in folgendem HTML-Code gespeichert:

```
<font ID="Feedback" size="3">Feedback</font>
```

Es gibt also einen eindeutigen Bezeichner, der es nachträglich erlaubt, verschiedene Eigenschaften des Font-Tags zu beeinflussen. Dadurch können Sie den Text **Feedback** dynamisch verändern.

Der folgende HTML-Code reagiert auf das Ereignis **onmouseover** und verändert entsprechend das Aussehen des Hyperlinks **Feedback**:

```
Sub Feedback onmouseover
    Feedback.color="#FF0000"
    Feedback.style.letterSpacing="3"
End Sub
```

Der Skript-Editor

- `Feedback.color="#FF0000"`
  Dieser Befehl verändert die Farbe des Objekts. Verwenden Sie dafür die folgende Codierung: #RRGGBB. Die Angabe sollte im hexadezimalen System vorgenommen werden. #FF0000 gibt ein intensives Rot an.

- `Feedback.style.letterSpacing="3"`
  Hiermit geben Sie den punktgenauen Abstand zwischen den einzelnen Buchstaben an. Eine „3" bedeutet, dass sich zwischen jedem Buchstaben 3 Punkte befinden. Der Text wird also horizontal gestreckt. Denkbar sind auch negative Werte, um Buchstaben enger zusammen zu rücken.

Der folgende HTML-Code setzt die Farbe und den Abstand zwischen den Buchstaben wieder auf den ursprünglichen Wert zurück, wenn Sie mit der Maus auf das Objekt klicken:

```
Sub Feedback onclick
    Feedback.color="#0000FF"
    Feedback.style.letterSpacing="0"
End Sub
```

Übungsaufgabe
Erstellen Sie für die Hyperlinks **Produkte** und **Suchen** ebenfalls das gleiche Skript. Wenden Sie die Skriptgliederung an und wählen Sie das Ereignis **onmouseover** und **onclick**, damit Ihnen der Skript-Editor das Grundgerüst für die entsprechenden Funktionen erstellt. Für das Hyperlink **Produkte** und das Ereignis **onmouseover** sieht der Quellcode beispielsweise folgendermaßen aus:

```
Sub Produkte onmouseover
    Produkte.color="#FF0000"
    Produkte.style.letterSpacing="3"
End Sub
```

Zusammenfassung

- Mit dem Skript-Editor können Sie HTML-Seiten nachträglich bearbeiten. Um in einem Skript auf ein Objekt zugreifen zu können, müssen Sie diesem Objekt einen Identifier, eine ID, zuordnen. Das Objekt wird dadurch mit einem eindeutigen Namen benannt.

- Den Skript-Editor starten Sie über **Extras → Makro → Microsoft Skript-Editor**. Er basiert auf dem in Microsoft Visual InterDev integrierten Editor.

- Jedem Objekt sind Ereignisse oder Events zugeordnet. Sie können einem Event ein Skript zuordnen, das ausgeführt wird, sobald das Ereignis, zum Beispiel mouseover oder mouseclick, eintritt.

Der Skript-Editor

Testaufgaben

- Frage 1: Was leistet der Font-Befehl?

    A. Der Font-Befehl weist die Schriftart Arial zu.

    B. Der Font-Befehl ermöglicht die Veränderung des Erscheinungsbildes des Textes.

    C. Der Font-Befehl verändert die Farbe des Textes.

- Frage 2: Die Zuordnung des ID-Tags verändert das Erscheinungsbild im Browser.

    A. Richtig

    B. Falsch

- Frage 3: Änderungen im aktiven Dokument werden in FrontPage in der HTML-Ansicht sofort angezeigt.

    A. Nein, zuerst muss der Text kompiliert werden.

    B. Das ist richtig.

- Frage 4: Was passiert mit dem HTML-Code, wenn Sie ein Objekt markieren und in die HTML-Ansicht umschalten?

    A. Das Objekt wird gelöscht.

    B. Der zum Objekt gehörende HTML-Code wird in der HTML-Ansicht markiert angezeigt.

8 Tipps & Tricks

Ziele dieses Kapitels

▶ Sie lernen den Umgang mit Berechtigungen und Profilen.

▶ Sie verstehen die Kompatibilität mit anderen Browsern und Servern.

▶ Sie verstehen die HTML-Quellcode-Formatierung.

Tipps & Tricks

8.1 Berechtigungen und Profile

Mit FrontPage ist es möglich, für verschiedene Benutzer Berechtigungen für das Web zu erstellen. Diese Funktion ist abhängig von dem verwendeten Betriebssystem und dem verwendeten Webserver.

Es gibt die folgenden Berechtigungsstufen:

- **Lesen**
  Der Benutzer kann die Dateien im Web mit einem Browser betrachten.

- **Verfassen**
  Der Benutzer kann die Dateien im Web lesen und editieren.

- **Verwalten**
  Der Benutzer kann Dateien betrachten, editieren und das Web verwalten. Dazu gehört das Hinzufügen oder Entfernen von Benutzern und das Anlegen oder Entfernen von Webs.

Tipp Verwenden Sie Microsoft Windows 2002 / XP mit dem Microsoft Internet Information Server (IIS), damit Sie mit FrontPage Benutzer verwalten können. Der Menüeintrag unter Extras → Server ist dann aktiv.

8.2 Ein- und Auschecken von Dateien

Wenn mehrere Benutzer an einem Web arbeiten, könnte es passieren, dass zwei Benutzer gleichzeitig dasselbe Dokument bearbeiten möchten. FrontPage bietet eine Funktion, mit der Sie ein Dokument sperren können, während Sie dieses bearbeiten. Währenddessen hat kein anderer darauf Zugriff.

Webeinstellungen Sie aktivieren die Funktion Einchecken und Auschecken.

1. Klicken Sie auf Extras → Webeinstellungen....

2. Aktivieren Sie die Option Einchecken und Auschecken von Dokumenten verwenden.

Tipps & Tricks

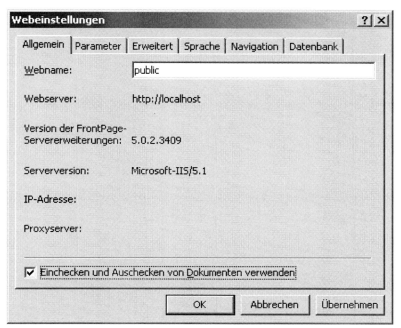

Abb. 8.1: Webeinstellungen

3. Klicken Sie auf OK.

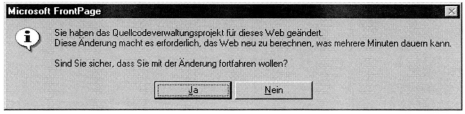

Abb. 8.2: Web neu berechnen

4. Klicken Sie auf Ja.

In der Ordnerliste sind nun alle Dokumente, die eingecheckt sind, mit ·•· gekennzeichnet. Sie können sie also nicht direkt verändern.

Sie checken eine Datei aus. **Datei auschecken**

1. Klicken Sie mit der rechten Maustaste zum Beispiel auf INHALT.HTM.

2. Wählen Sie aus dem Kontextmenü **Auschecken**.

3. Die Datei wird nun mit einem ·✓ gekennzeichnet.

4. Versuchen Sie die Datei FEEDBACK.HTM mit einem Doppelklick zu öffnen.

Tipps & Tricks

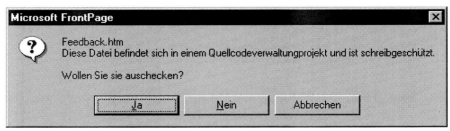

Abb. 8.3: Datei auschecken

FrontPage fragt nach, ob Sie die Datei wirklich auschecken möchten.

5. Klicken Sie auf OK.

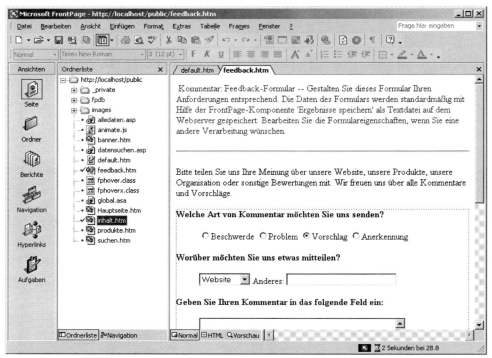

Abb. 8.4: Gekennzeichnete Dateien

8.3 Kompatibilität

Da nicht alle Browser und Webserver die momentan verfügbaren Technologien und Funktionen von FrontPage unterstützen, ist es schwer, ein Dokument zu entwerfen, das auf allen Browsern korrekt dargestellt wird. FrontPage bietet die Möglichkeit zu definieren, für welchen Server und welchen Browser Sie HTML-Dokumente entwerfen. Unterstützt ein Browser eine entsprechende Funktion nicht, deaktiviert FrontPage diese Funktion in den Menüs und Dialogboxen

Tipps & Tricks

Sie stellen die Browser-Kompatibilität ein.

Kompatibilität einstellen

1. Wählen Sie Extras → Seitenoptionen...

2. Klicken Sie auf Kompatibilität.

3. Wählen Sie zwischen folgenden Optionen aus:

Optionen	Einstellung
Browsern	Sowohl Internet Explorer als auch Navigator
Browserversionen	Browserversionen 5.0 und später
Servern	Microsoft Internet Information Server 3.0 und höher
Mit Microsoft FrontPage-Servererweiterungen	deaktivieren

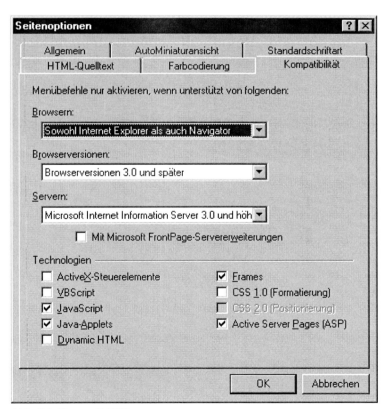

Abb. 8.5: Kompatibilität

Sie sehen, dass FrontPage automatisch Technologien, die von einem Browser oder Server nicht unterstützt werden, deaktiviert. Durch das Deaktivieren der

Tipps & Tricks

FrontPage-Servererweiterungen stehen Ihnen zum Beispiel Funktionen wie der Zugriffszähler oder das Suchformular nicht mehr zur Verfügung.

Tipp Beachten Sie, dass FrontPage bereits benutzte Funktionen nicht nachträglich aus einem Web entfernt.

8.4 Quelltext-Formatierung

Wenn Sie in der HTML-Ansicht des FrontPage-Editors manuelle Veränderungen vornehmen, werden diese Änderungen ohne Syntaxcheck oder Neuformatierung übernommen. Möchten Sie allerdings Ihrem HTML-Code ein einheitliches Aussehen geben, bietet Ihnen FrontPage die HTML-Quelltext-Formatierung.

Quelltext neu formatieren Sie aktivieren die Quelltext-Neuformatierung.

1. Wählen Sie Extras → Seitenoptionen...

2. Klicken Sie auf HTML-Quelle.

3. Aktivieren Sie die Option Unter Verwendung der folgenden Regeln erneut formatieren.

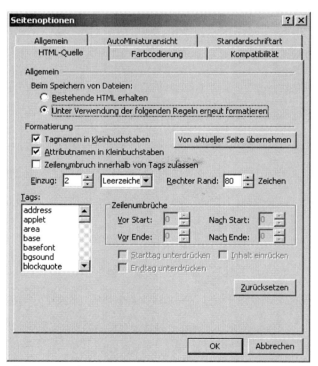

Abb. 8.6: Neuformatierung

Wenn Sie sich nun ein Dokument in der HTML-Ansicht darstellen lassen, wird bereits die neue Formatierung verwendet.

Zusammenfassung

▶ Verschiedene Berechtigungsstufen erlauben das Lesen, Verfassen und Verwalten von Dateien.

▶ Dokumente können über die Option **Einchecken und Auschecken von Dokumenten verwenden** aus dem Dialog **Webeinstellungen** gesperrt oder freigegeben werden.

▶ Sie können verschiedene Kompatibilitätsstufen für Browser einstellen. Dadurch verhindern Sie, dass Sie Funktionen anwenden, die auf älteren Browsern nicht funktionieren.

▶ Über die HTML-Quelltext-Formatierung geben Sie dem HTML-Code ein einheitliches Aussehen.

Testaufgaben

▶ Frage 1: Welche Berechtigungsstufe weist dem Anwender die meisten Rechte zu?

    A. Lesen

    B. Verfassen

    C. Verwalten

▶ Frage 2: Was bedeutet das Ein- und Auschecken von Dateien?

    A. Dateien werden in HTML-Code kompiliert.

    B. Dateien werden für andere Benutzer freigegeben oder gesperrt.

▶ Frage 3: Alle Funktionen in FrontPage 2002 können auch von älteren Browsern angezeigt werden.

    A. Richtig

    B. Falsch

Anhang A: Was ist neu?

Photosammlung

Ohne großen Aufwand lässt Sie Frontpage 2002 eine Fotosammlung erstellen, in der Sie persönliche oder geschäftlich verwendete Fotos und Bilder anzeigen. Es lassen sich Bilder zur Fotosammlung hinzufügen, und zudem stehen Ihnen vier differenzierte Layouts zur Auswahl zur Verfügung. Fügen Sie Bildtitel und Beschreibungen zu Bildern hinzu, ordnen Sie Bilder neu an, oder ändern Sie die Bildgröße und das Layout.

Verwaltung

Verwendungsanalyseberichte

Mittels **Verwendungsanalyseberichten** können Sie untersuchen, von wem Ihre Site genutzt wird. Die Berichte helfen Ihnen schnell zu ermitteln, auf welche Seiten am häufigsten zugegriffen wird. Sie können aus diesen Berichten auch schließen, wie die Kunden auf Ihre Site gefunden haben. Diese Berichte lassen sich in HTML oder Microsoft Excel exportieren. Falls Sie nur bestimmte Informationen anzeigen lassen wollen, filtern Sie die Berichte entsprechend.

Veröffentlichen einzelner Seiten

Frontpage 2002 ermöglicht es Ihnen nun, ausschließlich gewünschte Inhalte zu veröffentlichen. Über das Kontextmenü lassen sich die Dateien direkt auf dem Webserver veröffentlichen.

Teamarbeit

SharePoint Team Services

Mittels SharePoint Team Services richten Sie ohne großen Aufwand eine Teamwebsite für Intranet- oder Internetbenutzer ein. Damit lassen sich Informationen, Dokumente und Webseiten speichern, suchen und gemeinsam nutzen.

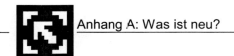

Alltägliche Aufgaben

Seitenregisterkarten

Frontpage 2002 ermöglicht es Ihnen nun, mehrere Seiten zu öffnen und dann über Register von einer Seite zu einer anderen wechseln.

Optionales Unterstreichen von Hyperlinks

Entscheiden Sie, ob ein Hyperlink durch Unterstreichung optisch hervorgehoben werden soll oder nicht.

Benutzerdefinierte Hyperlinkleisten

Siteumfassende Hyperlinkleisten in der Navigationsansicht ermöglichen Ihnen, Hyperlinks zu Seiten herstellen, die sich innerhalb oder außerhalb Ihrer Website befinden.

Da man mit Tabellen nur sehr ungenau und umständlich Objekte innerhalb eines Dokuments positionieren kann, bietet FrontPage jetzt eine punktgenaue Positionierung. Die Positionierung kann relativ oder absolut sein. Weiterhin ist es möglich, ein Objekt in eine andere Z-Ebene zu legen, was allerdings nicht in allen Browsern funktioniert.

FrontPage 2002 anpassen

Menüs und Symbolleisten

In den Menüs sehen Sie nur die am häufigsten benötigten Befehle. Bleibt ein Menü länger geöffnet, sehen Sie alle weiteren Befehle dargestellt. Verwenden Sie einen Befehl öfter oder nicht mehr so oft, wird dieser Befehl automatisch mit ein- oder wieder ausgeblendet.

Die Symbolleisten werden in Abhängigkeit der jeweiligen Ansicht und Aufgabe ein- oder ausgeblendet. Das spart Platz auf dem Bildschirm und verhilft Ihnen zu einer besseren Übersicht über die einzelnen Funktionen.

Weitere Tools

Microsoft Skript-Editor

Der mitgelieferte Skript-Editor bietet eine gute Möglichkeit, Skripts innerhalb eines Dokuments zu bearbeiten und zu erstellen. Es handelt sich um eine leicht abgespeckte Ausgabe des in Microsoft Visual InterDev integrierten Editors.

Visual Basic für Applikationen

Mit VBA können Sie leistungsfähige FrontPage-basierte Lösungen entwickeln. Nutzen Sie vorhandene Kenntnisse, um diese Lösungen auf andere Office-Anwendungen auszudehnen.

Anhang B: Glossar

Absolute URL
Vollständige Adresse einer Seite (zum Beispiel „\\server\meinweb\default.htm").

ASP
Active Server Page. Ein → HTML-Dokument kann → Java oder → VBScript-Code enthalten, der aber vom → Web-Server ausgeführt wird und nicht vom Client.

BMP
Bitmap-Bildformat.

Browser
Client-Programm, das die → HTML-Sprache interpretieren und den Inhalt visuell aufbereiten kann.

Child-Web
Bezeichnung für ein → Web innerhalb eines übergeordneten (meist → Root-Web) Webs.

Dynamic HTML
Dynamic → HTML ermöglicht es, Objekte innerhalb eines Dokuments hinzuzufügen oder zu entfernen. Weiterhin ist es möglich, die entsprechenden Attribute wie Farbe, Schriftart, Position zu verändern. Die Änderungen treten sofort in Kraft, ohne dass die Seite neu vom Server angefordert werden muss.

E-Mail
Electronic Mail. Auf Basis des → SMTP-Protokolls können Dateien an eine E-Mail-Adresse übertragen werden.

FTP
File Transfer Protocol. FTP wird zum Übertragen von Dateien benutzt.

GIF
Graphics Interchange Format – Grafikformat für Bilder bis 256 Farben. Eignet sich besonders für kleine Animationen.

Homepage
Einstiegsseite in ein Web. Diese Seite ist standardmäßig zu sehen, wenn auf einen → Web-Server ohne Angabe einer Seite zugegriffen wird.

HTML
HyperText Markup Language. Die Sprache zur Beschreibung von Seiten im → World Wide Web.

HTML-Tag
Befehl von → HTML, der gewisse Eigenschaften von Objekten beschreibt.

HTTP
HyperText Transfer Protocol. Protokoll für das → World Wide Web, mit dem ein → Browser Informationen von einem → Web-Server anfordert.

HTTPS
HyperText Transfer Protocol Secure. Erweiterung von → HTTP. Wird benutzt, um sichere Verbindungen per → SSL aufzubauen.

Hyperlink
Verknüpfung von Text oder Grafik auf ein anderes Objekt im → World Wide Web.

HyperText
Verknüpfung von Text, der eine Verknüpfung zu anderen Informationen enthält. HyperText wurde für → World Wide Web-Seiten durch → Hyperlinks erweitert.

Internet
Ein globales → Netzwerk aus unzähligen → WANs und → LANs, die das TCP/IP-Protokoll für die weltweite Kommunikation verwenden.

IP
Internet Protocol. Bestandteil des Protokolls → TCP/IP. Teilt die Daten für die Übertragung im → Internet in Pakete auf.

IP-Adresse
Eindeutige Adresse eines Computers im → Netzwerk. Eine IP-Adresse besteht aus vier Zahlenblöcken, die durch Punkte getrennt werden und jeweils 3 Ziffern zwischen 0 und 255 enthalten. Ein Beispiel für eine IP-Adresse ist 192.168.2.17.

ISAPI
Internet Server Application Programming Interface. Eine leistungsfähige Oberfläche zur Entwicklung von → Web-Server-Anwendungen.

Java
Programmiersprache zur Erstellung von → Java-Applets.

Java-Applet
Kurzes Java-Programm in einer → Web-Seite, das vom Browser interpretiert wird.

Java Script
Skriptsprache für das → World Wide Web. Java Script-Code wird in die HTML-Seite eingefügt und vom Browser interpretiert.

JPEG
Joint Photographic Expert Group-Grafikformat. Bietet gute, aber nichtverlustfreie Kompression und eignet sich besonders für Photos.

LAN
Local Area Network. Netzwerktechnologie zur Verbindung von Computern über kurze Entfernungen. Ein LAN kann über einen → Firewall mit dem → Internet verbunden oder als Intranet konfiguriert sein.

Localhost
Unter Angabe von http://localhost als → URL sprechen Sie den lokal installierten → Webserver an.

Nested-Web
Mit Nested-Webs bezeichnet man die Möglichkeit, → Webs ineinander zu verschachteln. Es entsteht somit ein → Child-Web relativ zum übergeordneten Web.

Netzwerk
Zwei oder mehrere verbundene Computer, über deren Leitung Daten ausgetauscht werden können.

NTFS
File-System von Windows NT. Es bietet eine höhere Sicherheit als herkömmliche File-Systeme, da Zugriffsrechte auch auf einzelne Dateien gelegt werden können.

OLE
Object Linking and Embedding. Technologie zum Verknüpfen und Einbetten von Objekten.

ODBC
Open Database Connector. Eine Schnittstelle, die es ermöglicht, auf unterschiedliche Datenbanken wie DBase, SQL-Server oder ACCESS zuzugreifen.

Port
Kanal im TCP/IP-Protokoll. Kanal 80 ist zum Beispiel für HTTP reserviert.

Protokoll
Eine der Voraussetzungen für den Zugriff auf Dateien oder Dienste im →Netzwerk.

Relative URL
Adresse einer Seite bezogen auf die Adresse der aktuellen Seite (zum Beispiel \bilder\bild1.jpg).

Root-Web
Web, das vom Server standardmäßig bereitgestellt wird. Das Root-Web wird immer dann geladen, wenn nur die → URL des → Servers angegeben wird.

Server
Computer, der Dienste im Netzwerk anbietet. Solche Server werden auch Host genannt.

Skript
Programmcode, der von einem → Browser ausgeführt werden kann.

SMTP
Simple Mail Transfer Protocol. Protokoll zum Senden von elektronischer Post (→ E-Mail)

SSL
Secure Socket Layer. Verfahren, mit dem eine sichere (also vor Abhören sichere) Verbindung zwischen Computern im → World Wide Web ermöglicht wird. SSL-Verbindungen dienen zum Beispiel dem Übertragen von Kreditkartennummern im Internet-Zahlungsverkehr.

SQL
Structured Query Language. Eine Sprache, mit der man auf Datenbanken zugreift. Mit ihr können Daten nach bestimmen Kriterien hinzugefügt, gelöscht oder geändert werden.

Tag
Siehe → HTML-Tag.

TCP
Transmission Control Protocol. Bestandteil des Protokolls → TCP/IP. Das TCP ist ein verbindungsorientiertes Protokoll für die Kommunikation zwischen zwei Systemen im Netzwerk. Es stellt die Basis für eine sichere Kommunikation dar und überprüft die Datenpakete auf Richtigkeit.

TCP/IP
Sammlung von Protokollen. Ohne TCP/IP ist keine Kommunikation im Internet möglich.

URL
Uniform Resource Locator. Adresse, über die ein → Server im Internet eindeutig bestimmt werden kann. Der erste Teil der URL definiert das Protokoll, gefolgt von einem Doppelpunkt und zwei Schrägstrichen („http://" oder „ftp://"), der zweite Teil beinhaltet den Servernamen. Eine Adresse kann eine → relative URL oder eine → absolute URL sein.

VBScript
Teil der Programmiersprache Visual Basic von Microsoft. VBScript Code kann in HTML-Seiten eingebettet werden und vom Web-Server oder vom Browser ausgeführt werden.

Web
Eine → Homepage und die damit verbundenen Seiten, Grafiken, Dokumente, Multimedia- und andere Dateien, die von Ihrer Struktur oder vom Inhalt her zusammen gehören.

WAN
Wide Area Network. Netzwerktechnologie zur Verbindung von Computern über große Entfernungen. Ein WAN ist ein Zusammenschluss von mehreren → LANs und kann eine Verbindung ins → Internet besitzen.

Web-Server
Computer, auf dem über das Protokoll → TCP/IP der → World Wide Web-Dienst zur Verfügung gestellt wird.

World Wide Web
Grafisch orientierter → HyperText-Dienst, der auf dem HTTP-Protokoll basiert. Im World Wide Web werden HTML-Dokumente mit multimedialen Inhalten für die Öffentlichkeit zur Verfügung gestellt.

WYSIWYG
„What You See Is What You Get". Editor, der eine erstellte Seite in der Form anzeigt, wie sie sich dem Endbenutzer darstellt.

Anhang C: Tastenkombinationen

Menü Datei

Tastenkombination	Ergebnis
Strg + N	Neue Seite erstellen
Strg + O	Datei öffnen
Strg + F4	Datei schließen
Strg + S	Datei speichern
Strg + P	Datei drucken

Menü Bearbeiten

Tastenkombination	Ergebnis
Strg + Z	Rückgängig
Strg + Y	Wiederherstellen
Strg + X	Ausschneiden
Strg + C	Kopieren
Strg + V	Einfügen
Strg + A	Alles markieren
Strg + F	Suchen...
Strg + H	Ersetzen

Anhang C: Tastenkombinationen

Menü Ansicht

Tastenkombination	Ergebnis
F5	Aktualisieren
Strg + ⇧ + 7	Tags anzeigen

Sonstige

Tastenkombination	Ergebnis
Strg + K	Hyperlink erstellen
Alt + ↵	Formateigenschaften anzeigen
Strg + ⇧ + Z	Formatierung entfernen
F7	Rechtschreibprüfung
Alt + F8	Makros
Alt + F11	Visual Basic Editor
⇧ + Alt + F11	Microsoft Skript-Editor
F1	Microsoft FrontPage-Hilfe

Anhang D: Lösungen

FrontPage 2002 - Der Allrounder
Frage 1:   Antwort B
Frage 2:   Antwort A
Frage 3:   Antwort B
Frage 4:   Antwort A

Das FrontPage-Web
Frage 1:   Antwort A
Frage 2:   Antwort B
Frage 3:   Antwort A
Frage 4:   Antwort A

Unterschiedliche Ansichten
Frage 1:   Antwort A
Frage 2:   Antwort B
Frage 3:   Antwort C
Frage 4:   Antwort A
Frage 5:   Antwort B

Web als Projekt
Frage 1:   Antwort A
Frage 2:   Antwort B
Frage 3:   Antwort B
Frage 4:   Antwort A
Frage 5:   Antwort A
Frage 6:   Antwort A
Frage 7:   Antwort A
Frage 8:   Antwort A
Frage 9:   Antwort B

Der Skript-Editor
Frage 1:   Antwort B
Frage 2:   Antwort B
Frage 3:   Antwort B
Frage 4:   Antwort B

Tipps & Tricks
Frage 1:   Antwort C
Frage 2:   Antwort B
Frage 3:   Antwort B

Anhang E: Basiswissen Windows

Über die Menüs in der Menüleiste können Sie in Windows-Anwendungen auf die Funktionen des jeweiligen Programms zugreifen. Einige Menüs, wie zum Beispiel **Datei**, **Bearbeiten**, **Fenster** und?, kommen in beinahe jeder Windows-Anwendung vor. Innerhalb der Menüs können Sie in den verschiedenen Programmen die mehr oder weniger gleichen Befehle aktivieren.

Zusammengehörige Funktionen sind zu Kategorien zusammengefasst. Das Menü **Bearbeiten** beispielsweise enthält immer Befehle und Funktionen, mit denen Sie die geöffnete Datei verändern und bearbeiten können.

Schwarz dargestellte Befehle sind aktiv und können sofort angewendet werden. Grau dargestellte Funktionen sind nur unter bestimmten Voraussetzungen wählbar; so können Sie den Befehl **Schließen** nur aktivieren, wenn ein Dokument geöffnet ist.

Beachten Sie auch die Symbolleiste **Standard**. Über die Symbolleiste können Sie Funktionen von Anwendungen aufrufen, die am häufigsten genutzt werden. Standardmäßig finden Sie die Leisten **Standard** und **Format** eingeblendet - Übereinstimmungen mit den Menübefehlen erkennen Sie in diesem Basiswissen an den Icons, die unterhalb des jeweiligen Befehls aufgeführt sind. Die Symbolleisten ermöglichen Ihnen einen schnelleren Zugriff auf einzelne Funktionen und Befehle durch einen einzigen Mausklick.

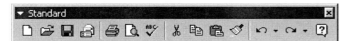

Die wichtigsten Icons der Symbolleiste Standard

Anhang E: Basiswissen Windows

Menü Datei
Im Menü Datei finden Sie alle Befehle, mit denen Sie Ihre Dateien verwalten können

Neu	Mit dem Befehl Neu… erstellen Sie ein neues Dokument. Sie können in dem erscheinenden Dialog ein leeres Dokument erzeugen, indem Sie die Schaltfläche OK anklicken. Sie können aber auch eines der Register wählen und sich einige Vorlagen, zum Beispiel Briefe und Faxe in WORD oder Präsentationen in POWERPOINT, anzeigen lassen und auswählen. In EXCEL erscheint der Dialog nicht.
Öffnen	Mit Öffnen… können Sie ein bereits erstelltes und abgespeichertes Dokument auf den Bildschirm holen. Standardmäßig öffnet sich im erscheinenden Dialog der Ordner Eigene Dateien. Über die Liste Suchen in: können Sie den Ordner wählen, aus dem heraus Sie ein Dokument öffnen wollen. Wenn Sie nicht mehr wissen, in welchem Ordner Sie ein Dokument abgespeichert haben, erlaubt Ihnen die Funktion Öffnen… Ihren Rechner nach Dateien zu durchsuchen, indem Sie bestimmte Suchkriterien, wie beispielsweise Dateinamen, eingeben.
Schließen	Mit dem Befehl Schließen beenden Sie eine Datei, die Sie nicht weiter bearbeiten oder anschauen möchten. Sind sämtliche Arbeitsschritte, die Sie an der Datei vorgenommen haben, bereits gespeichert, schließt sich ohne weiteres die Datei. Falls Arbeitsschritte noch abgespeichert sind, fragt die Anwendung Sie, ob Sie die Datei bzw. die Änderungen speichern wollen oder nicht.
Speichern	Mit der Funktion Speichern… sichern Sie Ihr Dokument auf der Festplatte oder einem anderen Datenträger. Ist Ihr Dokument noch nicht abgespeichert worden, öffnet sich die Dialogbox Speichern unter… Hier wählen Sie einen Ordner aus, in dem Sie das Dokument ablegen wollen und geben dem Dokument einen Namen. (WORD und EXCEL schlagen Ihnen Dateinamen vor, die Sie akzeptieren können oder nicht.) Ist ein Dokument bereits auf der Festplatte oder einem anderen Datenträger abgelegt, speichert der Rechner die neuen Arbeitsschritte Ihrer Datei ohne weitere Dialoge oder Abfragen. POWERPOINT schlägt keinen Dateinamen vor.
Speichern unter	Möchten Sie ein bereits abgespeichertes Dokument auf einem weiteren Datenträger (zum Beispiel Diskette) oder in einem anderen Ordner zusätzlich sichern, nutzen Sie die Funktion Speichern unter… Wollen Sie weitere Versionen abspeichern, müssen Sie neue Namen vergeben.
Seite einrichten	Mit der Funktion Seite einrichten… können Sie die Größe, das Format und die Ränder Ihres Dokuments einstellen. WORD und EXCEL bieten Ihnen außerdem weitere Registerkarten für Ihr Seitenlayout und die Seitengestaltung.
Seitenansicht	Mit der Funktion Seitenansicht können Sie sich anzeigen lassen, wie Ihr Dokument im Ausdruck aussehen würde. Sie können das Layout überprüfen, sich mehrere Seiten nebeneinander anschauen und mit Lupe (WORD) oder Zoom (EXCEL) die Ansicht auf Ihr Dokument vergrößern, um Einzelheiten zu erkennen, oder verkleinern, um den Gesamteindruck wahrzunehmen. POWERPOINT kennt diese Funktion nicht.
Drucken	Mit dem Befehl Drucken können Sie Ihr Dokument ausdrucken. Sie können im erscheinenden Dialog einen Drucker auswählen, bestimmen, welche Bereiche Ihres Dokuments Sie ausdrucken wollen (einzelne Seiten, das ganze Dokument, Markierungen), und festlegen, wie viele Exemplare Ihres Dokuments gedruckt werden sollen.
Senden an	Wählen Sie den Befehl Senden an…, öffnet sich ein weiteres Menü. Hier können Sie wählen, ob Sie Ihre Datei an einen E-Mail-Empfänger, in den Exchange-Ordner oder in eine andere Anwendung (von WORD zu POWERPOINT und umgekehrt) schicken wollen. Sie können das Dokument von WORD aus dem Fax-Assistenten zuleiten. In EXCEL gibt es an dieser Stelle keinen Austausch mit einer anderen Office-Anwendung.

Anhang E: Basiswissen Windows

Menü Datei

Im Menü **Datei** finden Sie alle Befehle, mit denen Sie Ihre Dateien verwalten können

Zuletzt geöffnete Dateien	Im Menü **Datei** erscheinen immer die vier zuletzt bearbeiteten Dateien. Sie können die Dateinamen mit der Maus anfahren - es öffnet sich die jeweilige Datei. Diese Funktion erleichtert Ihnen die regelmäßige Arbeit an Dokumenten, da Sie hier ein Dokument schnell und einfach ohne weiteren Dialog öffnen können. In POWERPOINT gibt es diese Funktion nicht.
Beenden	Sie schließen eine Anwendung, indem Sie im Menü **Datei** den Befehl **Beenden** wählen. Falls Sie Änderungen an Ihrem Dokument noch nicht gespeichert haben, fragt Sie der Computer, ob Sie die Änderungen speichern wollen oder nicht oder ob Sie das Beenden abbrechen und in Ihrer Anwendung fortfahren wollen. Liegen keine Änderungen vor, schließt sich die Anwendung oder das Dokument sofort.

Menü Bearbeiten

Im Menü **Bearbeiten** finden Sie Befehle, mit denen Sie am geöffneten Dokument etwas verändern oder bearbeiten können.

Rückgängig	Die Funktion **Rückgängig**: macht Ihre letzten Arbeitsschritte ungeschehen. Haben Sie versehentlich einen wichtigen Teil Ihres Dokuments gelöscht, können Sie die Aktion ebenso zurücknehmen wie die Auswirkungen von Befehlen, die Sie angewählt haben. Mit POWERPOINT kann man immer nur den letzten Schritt rückgängig machen.
Wiederherstellen	Mit **Wiederherstellen**: können Sie die Ergebnisse Ihrer rückgängig gemachten Arbeitsschritte noch einmal reaktivieren. Haben Sie beispielsweise eine längere Texteingabe über den Befehl **Rückgängig** gelöscht, können Sie ihn über **Wiederherstellen**: auf den Bildschirm zurückholen. Auch die Ergebnisse rückgängig gemachter Befehle können Sie reaktivieren. Mit POWERPOINT kann man immer nur den letzten rückgängig gemachten Vorgang reaktivieren.
Suchen	Der Befehl **Suchen...** erlaubt Ihnen, im geöffneten Dokument nach Textstellen zu suchen. Sie tippen den gesuchten Text in die Dialogbox ein und Sie werden an die entsprechenden Stellen im Dokument geführt. WORD erlaubt Ihnen zudem, nach Bearbeitungskriterien im Dokument zu suchen, wie zum Beispiel nach Formatierungen, Seitenwechsel und mehr.
Ersetzen	Mit der Funktion **Ersetzen...** können Sie Ihr Dokument nach Textstellen durchsuchen und durch ein neues Wort ersetzen. Sie können sich nach Bedarf jede einzelne Textstelle anzeigen lassen und das Ersetzen durch einen neuen Text bestätigen oder automatisch alle Berichtigungen durchführen lassen. WORD erlaubt Ihnen zudem, Formatierungen, Seitenwechsel und andere Textdefinition zu suchen und durch andere zu ersetzen.
Gehe zu	Die Funktion **Gehe zu...** bietet Ihnen in WORD eine Liste mit Elementen an, die Sie in Ihrem Text ansteuern können, zum Beispiel eine Seite, eine Zeilenzahl oder einen Abschnitt. In EXCEL erlaubt Ihnen der Befehl **Gehe zu...**, Bezüge oder bestimmte Zelltypen anzusteuern. Diese Funktion gibt es in POWERPOINT nicht.

Microsoft® FrontPage 2002 - Einführung

Anhang E: Basiswissen Windows

Menü Fenster

Das Menü **Fenster** gibt Ihnen die Möglichkeit, zwischen verschiedenen geöffneten Dokumenten zu wechseln oder mehrere Kopien eines Dokuments gleichzeitig anzuschauen.

Neues Fenster	Mit dem Befehl **Neues Fenster** erstellen Sie eine oder mehrere Kopien Ihres geöffneten Dokuments, die in weiteren Fenstern erscheinen. Sie haben die Möglichkeit, sich in den unterschiedlichen Fenstern verschiedene Seiten Ihres Dokuments bzw. unterschiedliche Arbeitsblätter Ihrer Arbeitsmappe anzuschauen und sich in Ihnen zu bewegen und das Dokument zu bearbeiten. Standardmäßig überlappen sich die geöffneten Fenster.
Alle anordnen/ Anordnen...	Mit dem Befehl **Alle anordnen** (WORD, POWERPOINT) und **Anordnen...** (EXCEL) ordnen Sie die Fenster übereinander (WORD), nebeneinander (POWERPOINT) oder nach Bedarf (EXCEL) an. Es sind nun alle Kopien gleichzeitig auf dem Bildschirm sichtbar.
Teilen	Mit der Funktion **Teilen** können Sie Ihr Dokument in zwei (WORD) bzw. vier (EXCEL) Teile aufteilen. Es erscheinen ein horizontaler (WORD) bzw. ein horizontaler und ein vertikaler Balken (EXCEL), die Sie mit der Maus verschieben und entsprechend das Dokument aufteilen können. POWERPOINT kennt diese Funktion nicht.
Geöffnete Fenster	Im Menü **Fenster** sehen Sie immer, wie viele Kopien Ihres Dokuments und welche weiteren Dokumente in weiteren Fenstern derzeit geöffnet sind. Das Dokument, in dem Sie gerade arbeiten, ist mit einem Häkchen versehen. Mit der Maus können Sie in die anderen geöffneten Dokumente wechseln.

Menü ? (Hilfe)

Im Hilfemenü stehen Ihnen eine Reihe von Hilfefunktion für den Umgang mit der jeweiligen Anwendung zur Verfügung.

Microsoft Hilfe	Mit dem Befehl **Microsoft...-Hilfe** öffnen Sie die Dialogbox mit den Hilfethemen für die jeweilige Anwendung. Es stehen Ihnen die Registerkarten Inhalt, Index und Suchen zur Verfügung.
Inhalt und Index	Die Dialogbox **Hilfethemen** der Anwendung können Sie auch über den Befehl **Inhalt und Index** aufrufen. Sie können durch den Inhalt der Hilfethemen navigieren, Sie können den Index der Hilfedatei einer Anwendung gezielt nach Begriffen durchsuchen oder einen beliebigen gewünschten Suchbegriff eingeben.
Direkthilfe	Mit dem Befehl **Direkthilfe** holen Sie sich den Hilfe-Mauszeiger auf den Bildschirm. Mit dem Hilfe-Mauszeiger können Sie Befehle innerhalb der Menüs oder ein beliebiges Element auf dem Bildschirm durch einen Klick mit der Maus auswählen. Sie erhalten dann automatisch den Hilfetext zu dem Befehl oder Element in einem gelben Kästchen
Microsoft im Web	Über den Befehl **Microsoft im Web** können Sie über ein weiteres Menü je nach Wahl für Sie Wissenswertes und Wichtiges online aus dem Web erfahren. Sie müssen online sein, sonst erhalten Sie eine Fehlermeldung.
Info	Hier können Sie sich die Seriennummer und Registrierinformationen Ihrer geöffneten Anwendung anzeigen lassen. Über die Schaltflächen Systeminfo und Software-Service können Sie sich Details Ihrer Systemkonfiguration anschauen oder Produktunterstützung erhalten.

Anhang E: Basiswissen Windows

Weitere Icons der Symbolleiste

Recht-schreibung	Mit dem Symbol für Rechtschreibung öffnen Sie die Rechtschreibprüfung. Die Anwendung macht Sie in einer Dialogbox auf Worte in Ihrem Dokument aufmerksam, die sie nicht kennt, die vielleicht fehlerhaft geschrieben sind, und macht Änderungsvorschläge. Ihnen stehen verschiedene Optionen zur Verfügung. Sie können die Änderungsvorschläge akzeptieren, selber das Wort ändern, den neuen Begriff in den Thesaurus aufnehmen lassen und mehr.
Format übertragen	Mit dem Symbol **Format übertragen** können Sie blitzschnell das Format eines Wortes oder Dokumententeils auf ein anderes Wort oder einen anderen Dokumententeil übertragen: Markieren Sie den Textteil oder klicken Sie ein Wort an, dessen Format Sie auf einen anderen Textteil übertragen wollen, klicken Sie auf das Symbol **Format übertragen** und gehen Sie dann im Dokument auf den Bereich, auf den Sie das Format übertragen wollen, und klicken Sie ihn an bzw. markieren Sie ihn. Das Format wird automatisch übertragen.

Windows-Optionen im Fenster-Bereich

In allen Windows-Anwendungen erscheinen die geöffneten Dokumente ebenso wie die Anwendung selber in sogenannten Fenstern. Sie können die Fenster in ihrer Größe verändern, mehrere Fenster gleichzeitig anschauen und nach Belieben anordnen. Das gilt sowohl für Fenster verschiedener Anwendungen als auch für Fenster mehrerer Dokumente in ein und derselben Anwendung.

Maximieren	Um ein Fenster in Vollbildgröße anzuzeigen, klicken Sie auf das Symbol für Maximieren in der rechten oberen Ecke des jeweiligen Fensters.
Minimieren	Mit dem Symbol für Minimieren in der rechten oberen Ecke des Fensters können Sie das Fenster mit Ihrer aktiven Anwendung vollständig vom Bildschirm verbannen. Statt eines Fensters sehen Sie nur noch ein Symbol für das laufende Programm in der Taskleiste des Desktops. Klicken Sie auf das gleiche Symbol im Fenster Ihres Dokuments, erscheint das minimierte Fenster (Dokument) am unteren linken Rand des jeweiligen Programmfensters.
Schließen	Wenn Sie Ihre Anwendung oder Ihr geöffnetes Dokument beenden wollen, klicken Sie mit der Maus auf das Symbol für Schließen, ebenfalls in der jeweiligen rechten oberen Fensterecke. Falls Sie Änderungen an Ihrem Dokument noch nicht gespeichert haben, fragt Sie der Computer, ob Sie die Änderungen speichern wollen oder nicht, oder ob Sie das Beenden abbrechen und in Ihrer Anwendung fortfahren wollen. Liegen keine Änderungen vor, schließt sich die Anwendung oder das Dokument ohne weiteres.
Verschieben	Programmfenster oder Dokumentenfenster, die nicht als Vollbild eingestellt sind, können Sie in alle Richtungen über den Bildschirm schieben und nach Bedarf platzieren. Hierfür gehen Sie mit dem Mauszeiger in die Titelleiste des Fensters, halten die linke Maustaste gedrückt und bewegen das Fenster.
Vergrößern/ Verkleinern	Fenster können Sie vergrößern und verkleinern, indem Sie mit dem Mauszeiger auf den oberen, unteren, rechten oder linken Rand eines Fensters gehen, bis ein in zwei Richtungen zeigender Pfeil erscheint. Nun halten Sie die linke Maustaste gedrückt, es erscheint ein Balken, mit dem Sie den Rand des Fensters beliebig bewegen können.

Microsoft® FrontPage 2002 - Einführung

Anhang F: Index

A

Absatz · 69
Absatzmarken · 39, 70
Active Server Page · 90, 102, 129
Ansichten · 37, 38, 39, 54, 109, 137
ASP · 90, 92, 93, 98, 100, 129

B

Berichte · 41, 42, 54
Bildlaufleiste · 61, 62, 64, 99
Browser · 13, 17, 21, 27, 28, 35, 36, 39, 42, 47, 58, 60, 61, 63, 64, 65, 67, 70, 74, 75, 77, 78, 81, 82, 84, 88, 89, 93, 100, 101, 107, 112, 115, 118, 120, 121, 123, 129, 130, 132, 133

C

Child-Web · 30, 31, 33, 35, 36, 129, 131

D

Datenbank · 57, 90, 94, 99, 100
Datenbankabfrage · 90, 93, 98, 99, 100
Datenbankfelder · 91, 94
Datenbankverbindung · 90, 94
Datensätze · 92, 94
Datensatzquelle · 91, 94, 95
DEFAULT.HTM · 28, 38, 40, 44, 67, 71, 79, 83, 93, 99, 101, 112
Designs · 50
DHTML · 88, 89, 102, 104
Drag&Drop · 43, 109

E

Ereignis · 89, 110, 113, 114

F

Feedbackformular · 76, 77, 78
Formulare · 7, 76
Frame · 60, 61, 62, 63, 64, 79, 99, 100, 101
Frameset · 58, 59, 60, 61, 62, 63, 65, 66, 67, 71, 80, 99, 100, 101
FrontPage Editor · 24
FrontPage Explorer · 24
FrontPage Server Extensions · 21, 58, 82, 84

H

Hauptframe · 63, 64, 80, 87
Homepage · 7, 79, 86, 129, 133
Hoverschaltfläche · 85, 86, 88, 93
HTML · 39, 54, 55, 88, 129, 130
HTML-Code · 101, 104, 106, 107, 109, 113, 114, 115, 122, 123, 124
HTML-Editor · 20
HTML-Tag · 39, 105
Hyperlink · 10, 35, 41, 42, 43, 44, 46, 51, 52, 54, 55, 57, 63, 74, 78, 79, 80, 81, 85, 93, 98, 99, 100, 101, 105, 106, 107, 113, 114, 130, 136

I

ID · 104, 107, 110, 113, 114
IIS · 118
INDEX.HTM · 28, 35
Internet · 7, 10, 13, 14, 16, 21, 71, 118, 121, 130, 131, 132, 133
Intranet · 16, 131

K

Kommentar · 40, 41, 46, 52
Kompatibilität · 117, 120, 121

L

localhost · 30, 34, 36, 59, 67, 131
LOCALHOST · 30, 81

M

Makro · 108, 114
Microsoft Visual InterDev · 109, 114, 127

N

Navigation · 37, 43, 44, 45, 46, 49, 51, 54, 55, 58
Navigationsansicht · 43, 51, 54, 55, 58
Nested-Webs · 32, 33, 35, 36, 131

O

Objekt · 64, 78, 104, 105, 109, 110, 114, 115, 126, 130
Objektereignisse · 109
Office 2000 · 10
Ordneransicht · 40, 41
Ordnerliste · 33, 34, 81, 119

P

Persönliches Web · 24
Profile · 118

Q

Quelltext · 122

R

Registerkarten · 5
Root-Web · 28, 29, 30, 31, 33, 35, 36, 62, 129, 132

S

Seitenoptionen · 74, 100, 121, 122
ServicePack · 12
Skript · 90, 100, 103, 104, 109, 110, 111, 112, 113, 114, 132
Standardzielframe · 63, 101
Suchformular · 84, 85, 90, 94, 98, 99, 102, 122
Symbolleiste · 64, 69, 74, 100, 106, 139, 143

T

Tabelle · 61, 67, 68, 69, 70, 71, 92, 93, 98, 100
TCP/IP · 13, 17, 21, 22, 130, 131, 132, 133

U

URL · 16, 28, 30, 32, 43, 59, 129, 131, 132

V

Vorschau · 35, 39, 54, 65, 70, 100

W

Webserver · 17, 22, 58, 118, 120, 131
Werkzeugsammlung · 109
WYSIWYG · 38, 39, 54, 133

Z

Zeilenabstand · 69
Zielframe · 63, 87, 93, 100, 101
Zugriffszähler · 82, 83, 84, 100, 122

Um Ihre Kenntnisse zu überprüfen, bzw. zu verfeinern, bieten wir Ihnen zu unseren Office Basis Lehrskripten folgende Übungshefte an:

Elke Andruza

WORD 2002 – ÜBUNGEN – LÖSUNGEN - TESTS

ISBN: 3-902116-15-3

Produktbereich: Textverarbeitung
Software: MS Word
Umfang: 100 Seiten

EXCEL 2002 – ÜBUNGEN – LÖSUNGEN - TESTS

ISBN: 3-902116-16-1

Produktbereich: Tabellenkalkulation
Software: MS Excel
Umfang: 122 Seiten

**IT GRUNDLAGEN U.COMPUTERBENUTZUNG
ÜBUNGEN – LÖSUNGEN - TESTS**

ISBN: 3-902116-19-6

Produktbereich: Grundlagen
Software: MS Windows XP
Umfang: 100 Seiten

Besuchen Sie uns im Internet: **www.redmonds.de**

Zu zahlreichen Titeln erhalten Sie hier
kostenlos ▸ das Inhaltsverzeichnis
▸ eine Leseprobe
▸ Übungs- u. Beispieldateien zum Download

WEITERE TITEL IN PLANUNG!

Elke Andruza

ACCESS 2002 – ÜBUNGEN – LÖSUNGEN - TESTS

ISBN: 3-902116-18-8

Produktbereich: Datenbank
Software: MS Access

POWERPOINT 2002 – ÜBUNGEN – LÖSUNGEN - TESTS

ISBN: 3-902116-17-X

Produktbereich: Präsentation
Software: MS PowerPoint

INTERNET OUTLOOK 2002 ÜBUNGEN – LÖSUNGEN - TESTS

ISBN: 3-902116-20-X

Produktbereich: Internet u. Email
Software: Internet Explorer 6.x u. Outlook

Besuchen Sie uns im Internet: www.redmonds.de

Zu zahlreichen Titel erhalten Sie hier
kostenlos ▶ das Inhaltsverzeichnis
        ▶ eine Leseprobe
        ▶ Übungs- u. Beispieldateien zum Download